*Greenpeace in actie*
De SOLO grijpt in

„Welkom aan boord van de Solo," begroet het bemanningslid hen.
(blz. 111)

*Greenpeace in actie*
De
# SOLO
grijpt in

ROB ZADEL

Geïllustreerd door
*JAN EGAS*

KLUITMAN

# GREENPEACE IN ACTIE

De Sirius ontsnapt

De Rainbow Warrior valt aan

De Solo grijpt in

Omslagontwerp: Design Team Kluitman.
Dit boek is gedrukt op chloorvrij gebleekt papier.

Nugi 221/G049301
© Foto's: Stichting Greenpeace Nederland
© Copyright tekst: Rob Zadel

Alle rechten voorbehouden, inclusief het recht van reproduktie in zijn geheel of in gedeelten, in welke vorm dan ook.

# HOOFDSTUK 1

*We drijven de tent uit*

„Weet je zeker dat we er geen problemen mee krijgen? We mogen onze tent toch wel opzetten in de tuin van de boswachter?"

„Ja, hoor eens, Roy," antwoordt Suzan. „Dat moet je maar aan Maya vragen. Zij kwam met het idee jullie ook uit te nodigen."

Terwijl hun trein op volle snelheid langs het moderne station van Zaandam dendert, zien de leden van de Greenpeace-club hoe de eerste herfststorm zich meester maakt van Nederland.

Dikke regendruppels sijpelen langs het coupéraam naar beneden en geven het landschap daarachter een droefgeestige aanblik. Door de oprukkende bebouwing verdwijnt de natuur langzamerhand uit het landschap.

De reigers langs de sloten, op zoek naar voedsel, maken een verloren indruk.

Het is herfstvakantie en de clubleden gaan een week met elkaar op stap. Hun eindbestemming is Bakkum aan Zee.

„De ouders van Maya zijn voor een week in het buitenland," vertelt Suzan, terwijl ze met een benauwde blik naar buiten kijkt. „Ik geloof voor een of ander congres over bomen."

„Over bomen?" vraagt Erik verbaasd.

„Over zure regen natuurlijk, en het verdwijnen van de bossen," antwoordt Wim. „Als het zo doorgaat, zijn er straks geen bossen meer over en kunnen de boswachters ook een uitkering gaan halen."

Maarten ziet hoe bedenkelijk Suzan naar de regen kijkt. „In elk geval heb ik van mijn broer Siebe de Greenpeace-actietent kunnen lenen," zegt Maarten een beetje trots. „Dus wij zitten droog."

„Waar is Siebe nu eigenlijk mee bezig?" vraagt Kees.

„Oh, Siebe vaart mee op de Solo, dat witte schip van Greenpeace."

„Hé, Suzan, die Maya, hè? Is zij... eh... aardig?" vraagt Erik aarzelend.

„Wat bedoel je, Erik?" vraagt Suzan argwanend. „Wil je soms weten of ze er leuk uitziet, en zo?"

„Nou, eh... ik bedoel natuurlijk in de eerste plaats of ze te vertrouwen is. Per slot van rekening zijn wij de Greenpeace-club," zegt hij stoer.

„Als je het per se weten wilt: Maya en ik zijn al jaren vriendinnen en vroeger logeerde ik vaak bij haar, met mijn ouders. Maar je kunt haar dat zo allemaal zelf vragen, ze wacht op ons bij het station van Castricum." Suzan kijkt demonstratief uit het raam.

„Doe nou niet zo flauw, Suzan," zegt Roy. „Als voorzitter van onze club wil ik ook wel weten of ze lid kan worden van de Greenpeace-club."

Op dat moment komt de trein met een snerpend geluid tot stilstand langs het perron van het station in Castricum. Een voor een stappen de clubleden uit.

Roy en Kees dragen zuchtend en steunend de loodzware actietent van Greenpeace.

„Daar heb je Maya!" roept Suzan. En met driftige armgebaren wijst ze naar een sportief meisje met wilde, blonde haren.

Maya rent met open armen op Suzan toe en omhelst haar. „Ha, die Suzan," roept ze lachend tegen de wind in. „Hoe is het ermee?"

„Nou, om je eerlijk de waarheid te zeggen," antwoordt Suzan grinnikend, „ik heb tijdens de reis nogal wat last gehad van hun nieuwsgierigheid. Die jongens daar willen je, geloof ik, het een en ander vragen. Hè, Erik?" En terwijl Suzan op Erik wijst, zegt ze: „Hij bijvoorbeeld, wilde weten of je betrouwbaar bent. In verband met onze Greenpeace-geheimen en zo, begrijp je?"

Verlegen staren de andere clubleden naar Maya. Zo op het eerste gezicht valt ze niet tegen.

„Ik ben heel betrouwbaar, hoor," reageert Maya. „Suzan heeft mij altijd veel verteld over jullie avonturen met Greenpeace. En daar heb ik nooit met iemand over gesproken. Alleen maar met mijn vijftien vriendinnen uit de klas, misschien waren het er zestien... En die zijn ook allemaal héél betrouwbaar!"

Schaapachtig beginnen de jongens te lachen. Ze beseffen dat ze aardig voor joker worden gezet door Maya.

Nadat iedereen zich heeft voorgesteld, lopen ze het station uit, steken het spoor over en beginnen aan de tocht naar de boswachterswoning.

„Is het ver?" vragen Kees en Roy bijna kreunend. De tent lijkt met de minuut zwaarder te worden.

„We nemen de kortste route, dwars door het bos. Het is

ongeveer een half uurtje lopen."

Al snel hebben ze het station achter zich gelaten. Ze volgen een smal pad, dat kronkelt door de dichte bossen van eiken, beuken en naaldbomen. Omdat ze nu door de binnenduinen lopen, gaat het nogal eens omhoog en omlaag.

Het gaat ook steeds harder waaien. Wild zwiepen de bomen heen en weer.

Druipnat van de regen sjokken de clubleden achter Maya aan.

Als ze bij de zeeweg aankomen, zien ze schuin aan de overkant, aan de rand van een donker dennenbos, een klein, wit huis met een rieten puntdak liggen.

„Kijk," roept Maya, „daar woon ik dus."

Even later zitten ze met z'n allen rond een grote, eikehouten tafel die midden in de woonkamer staat. De haard in de ene hoek, de open keuken in de andere, en een plafond van zware balken geven het idee dat ze in een blokhut zijn.

„Het is niet erg groot hier," zegt Wim, langzaam om zich heen kijkend.

„Voor ons is het groot genoeg. Op zolder hebben we nog drie slaapkamers. Een voor mij, een voor Esther en een voor mijn ouders. Esther is trouwens mijn zus. Nou, jullie weten dat Suzan hier in huis slaapt en de heren op luchtbedden buiten in de tent."

De jongens kunnen niet enthousiast worden als ze uit het raam naar de regen kijken. Op het gras in de tuin staan grote plassen.

„Als het zo doorgaat, drijven we straks op onze luchtbedden zo de Noordzee op," merkt Roy op.

„Nou," zegt Kees, „dat is anders wel makkelijk, want dan kunnen we meteen op zoek naar de Solo!"

„Je bent zeker de leukste thuis," reageert Maarten. Zijn stem klinkt afkeurend. Hij draait zich om en kijkt Maya aan. „Waar is je zus eigenlijk?" vraagt hij. „Als je zus er niet is, kan ik dan niet..."

„Hé, er wordt hier niemand voorgetrokken, hè?" roepen Kees en Wim. „Sinds wanneer heb jij het recht bij die meiden te gaan liggen?" Wim kijkt Maarten uitdagend aan.

„Wat bedoel je?" vraagt Maarten onnozel.

Maar voordat de jongens aan het ruziën slaan, komt Maya tussenbeide. „Van Esther zullen we geen last hebben. Die heeft sinds kort een vriendje," vertelt ze, „en sinds mijn ouders zijn vertrokken, heb ik haar nauwelijks meer gezien. Maar ze slaapt hier wel."

„Kom op," zegt Roy, terwijl hij Kees een por geeft. „Laten wij de tent maar gaan opzetten. Als we op dat stel moeten wachten, zitten we hier morgen nog."

De anderen reageren niet. Ze vinden het eigenlijk wel zo makkelijk als Roy en Kees het vuile werk opknappen in dit noodweer.

Gehinderd door de regen en de wind slaan Roy en Kees de pennen door de ringen van het grondzeil vast. Ze willen de tent neerzetten op het enige stuk gras in de tuin waar nog geen plas ligt.

Daarna maken ze het tentzeil met koorden aan het grondzeil vast en uiteindelijk volgt de stok, die de hele tent moet dragen.

„Ziezo, een fluitje van een cent," roept Kees druipnat naar

Suzan en Maya, die met de andere clubleden in hun kielzog het resultaat komen bewonderen.

En terwijl Kees en Roy nog even controleren of de koorden en de pennen goed vastzitten, zoeken Erik, Wim en Maarten de beste plekken uit voor hun slaapzakken. Dat wil zeggen dat Kees en Roy nu gedwongen zijn hun slaapzakken bij de opening van de tent neer te leggen.

Als Roy dit merkt, wordt hij kwaad. „Wat zijn jullie toch een stelletje aso's," roept hij uit. „Wij doen al het werk en als de tent staat, pikken jullie de beste plaatsen in. Ga nou gauw op het dak zitten! Wegwezen met die slaapzakken." Omdat Maarten niet snel genoeg naar Roy's zin zijn slaapzak weghaalt, schopt Roy die weg.

„Rustig aan, hè, zo bedoelde ik het niet," reageert Maarten.

„Nee, nee, maar ondertussen." Roy kijkt nog eens kwaad naar Maarten.

Intussen schept Kees met zijn hand regenwater van het grondzeil naar buiten. „Straks hoeven we niet eens meer naar zee, dan is de zee al hier. Moeten we hier echt in slapen?"

„Er zal wel niets anders op zitten," antwoordt Erik grijnzend.

Even later zitten ze met z'n zevenen op de slaapzakken in de tent. Het bruine tentzeil dimt het buitenlicht mysterieus. De neervallende regen op het tentdoek doet de rest.

„Heeft de Greenpeace-club nog plannen voor vandaag?" vraagt Maya voorzichtig. „Willen jullie misschien wat rondkijken in de omgeving?"

Kort daarna lopen ze in regenpak en laarzen achter hun gids aan, de camping over.

„In de zomer staat het hier vol met caravans en houten huisjes," legt Maya uit. „Maar vorige maand zijn die vanwege het einde van het seizoen weggehaald en afgebroken. De huisjes staan nu opgeslagen in een aantal loodsen hier op het terrein."

De clubleden lopen door een groot dennenbos, dat doorsneden wordt door allerlei brede en smalle paden. Aan de open plekjes in het bos kunnen ze zien dat hier in de zomer inderdaad veel huisjes en caravans staan.

„In de zomer is het hartstikke gezellig," legt Maya uit. „Heel veel gezinnen uit de grote steden brengen hier dan hun vakantie door. Voor mijn vader en moeder is dat de drukste tijd van het jaar. En voor mijn zus en mij ook," gaat ze verder. „Veel feestjes en leuke jongens, begrijp je wel." Ze knipoogt naar Suzan.

„In het voorjaar komen de mensen terug om hun huisjes weer op te zetten," voegt Suzan eraan toe. „En daarna begint het weer, hè?" Lachend slaat ze haar arm over de schouder van Maya.

Het is voor de andere clubleden duidelijk dat die twee samen het een en ander hebben beleefd.

„Laten we naar het strand lopen," stelt Maarten voor. Hij vindt die verhalen van Suzan over andere jongens niet leuk. „Is het ver?"

„Hemelsbreed hooguit tweeënhalve kilometer," antwoordt Maya, nog grinnikend.

De verlaten camping hebben ze inmiddels achter zich gelaten. Dwars door de herfstige bossen naderen ze de hoge duinen, vlak aan zee.

De wind stuwt de zware regenwolken met hoge snelheid over de heuvels, die alleen met helmgras begroeid zijn. Soms lijkt het net of halverwege de duintoppen geheimzinnige figuren de clubleden gadeslaan, maar het zijn slechts grillige bomen en struiken.

Via een zandpad komen de Greenpeace-clubleden uiteindelijk op de top van de laatste duinenrij. Onder hen zien ze hoe de woeste golven van de Noordzee het strand tot aan de voet van het duin hebben overspoeld. Wrakhout en zeewier zijn met kracht tegen het duin gegooid.

Gefascineerd kijken ze naar het samenspel van wind en regen.

„Ik vind dat we maar eens terug moeten gaan," schreeuwt Roy na een tijdje tegen het lawaai van de wind in naar zijn vrienden. „Het wordt al schemerig."

„We kunnen van hieruit over een pad door de duinen naar de zeeweg lopen," schreeuwt Maya terug. „Dat is het makkelijkst."

Omdat Maya het gebied vanzelfsprekend het beste kent, lopen de clubleden achter haar aan.

In een duinpan, waar de wind overheen blaast, rust het groepje even later uit.

„Hé, kijk daar eens," roept Erik verbaasd uit. „Dat is wel een heel groot konijnehol!" Met gestrekte arm wijst hij naar een donker gat, op zo'n tien meter van hen af.

Kees loopt er naartoe. „Hé, kom hier eens kijken!" roept hij naar de rest. „Dit is echt te gek. Het lijkt wel een bunker of zoiets."

Als ook de anderen erbij staan, zegt Maya: „Dit is inderdaad een bunker, nou ja, wat ervan over is. Gek, dat ik dat ding nog nooit eerder heb gezien."

„Die Duitsers hebben anders tijdens de oorlog heel wat gebouwd, hè?" roept Erik. „Het was allemaal voor hun Atlantik Wall, voor een invasie die nooit zou komen. Althans niet hier."

Intussen kijkt Maya naar de opening van de bunker. „Waarschijnlijk heeft de wind van de afgelopen dagen het zand dat altijd op de ingang heeft gelegen, weggeblazen."

„Ik kruip erin," roept Kees opgewonden. „Wie weet wat er allemaal te vinden is."

„Niet doen, Kees," roept Maya. „Het is gevaarlijk. Straks stort alles in en dan word je bedolven."

Maar Kees heeft zich al door de nauwe opening gewrongen. „Te gek, man," roept hij. „Hier loopt een onderaardse gang. Au, mijn hoofd. Wat is het hier donker!"

Even later wurmt Kees zich weer achterstevoren uit het gat. Hij zit van onder tot boven onder het natte zand.

„En? Wat heb je gezien?" vragen de anderen nieuwsgierig.

„Niets," antwoordt Kees schouderophalend. „Het is er veel te donker."

„Laten we dan morgen hier weer heen gaan," stelt Roy voor. „Maar dan moeten we zaklantaarns meenemen. Wie weet wat we vinden. Misschien liggen er nog wel geraamtes en oude geweren."

„Hè, bah!" roept Suzan geschrokken.

„Het kàn wel," merkt Maya op. „De meeste bunkers zijn weliswaar al lang geleden onderzocht, schoongemaakt en gesloopt, maar..."

„Deze zijn ze dan zeker vergeten," onderbreekt Wim haar. Zwijgend kijken ze allemaal naar de resten van de bunker. „Laten we naar de tent gaan," stelt Maarten voor. „Ik heb honger."

## HOOFDSTUK 2

*Doodskoppen*

De volgende ochtend worden de kampeerders gewekt door Maya en Suzan, die hun hoofden door de tentopening steken. „Komen de heren nog ontbijten of moeten wij met z'n tweetjes de bunker gaan verkennen?" roepen ze.

Na het ontbijt lopen ze met z'n zevenen het duingebied weer in, op weg naar de bunker. Het regent niet meer. Af en toe schijnt de zon zelfs tussen de wolken door. De storm is gaan liggen.

Onderweg zien de clubleden konijnen wegschieten. Soms horen ze de rauwe kreet van een fazant.

Als ze op het hoge duin staan, bij de opening van de geheimzinnige bunker, voelen ze zich opeens gespannen. Wie gaat er nu de bunker in?

Maarten blijft liever buiten staan, om de wacht te houden, zoals hij beweert.

Maya, Suzan, Erik en Wim kruipen met bonzend hart en met ieder een zaklantaarn in de hand, achter elkaar de opening in.

„Als de boel straks instort, ga ik wel hulp halen," roept Maarten hen na.

Een paar tellen later komen de vier haastig terug. Daar hebben ze niet aan gedacht en ze hebben er bepaald geen zin in ook. „Gaan jullie maar," roepen ze tegen Kees en Roy. „Dan zijn we met z'n vijven om jullie uit te graven, als het moet."

„Stelletje lafbekken," zegt Kees tegen Roy. „Kom op, wij doen het werk wel weer."

Langzaam schuiven ze het gat in. De twee jongens kruipen op hun knieën door de onderaardse gang. In het licht van hun zaklantaarns zien ze hoe de wanden van de lage, smalle gang bol staan van de tonnen zand die er tegenaan drukken. Links en rechts zijn zijgangen, maar die zijn grotendeels ingestort.

„Erg leuk is het hier niet," merkt Roy op. Hij voelt zich niet op zijn gemak door de beklemmende stilte en het gevaar dat de boel door hun aanwezigheid kan instorten.

Langzaam en heel voorzichtig kruipen ze verder. Na een flauwe bocht zien ze dat de gang zich splitst in twee nog nauwere gangen.

„Wat nu?" vraagt Kees aan Roy.

„Tja, wat nu?" vraagt Roy zich af. „Neem jij die gang, dan ga ik hierin," zegt hij ten slotte.

Teruggaan willen ze niet. De bunker oefent een eigenaardige aantrekkingskracht op hen uit.

Ondanks de muffe geur begeven ze zich steeds dieper in de bunker. Dat hier ooit, tijdens de Tweede Wereldoorlog, Duitse militairen de kustlijn hebben verdedigd tegen de bevrijders van Europa, kunnen ze zich nu veel beter voorstellen dan tijdens de geschiedenislessen op school. In de vervallen bunker, onder het duin, lijkt die verschrikkelijke periode ineens heel dichtbij.

Kruipend op hun buik gaan ze verder, ieder door zijn eigen gang.

„Mijn gang loopt dood!" roept Kees gedempt naar Roy.

Maar Roy geeft geen antwoord. Huiverig, maar nieuwsgierig kijkt hij naar een gemetseld muurtje van bakstenen, dat een verdere doorgang verspert. Voorzichtig tast hij met zijn vingers langs de voegen van de stenen. Sommige stenen liggen los. Hij wrikt ze uit het muurtje, waardoor er een gat ontstaat.

Met zijn zaklantaarn schijnt hij er doorheen. Hij kan nauwelijks geloven wat hij ziet.

"Kees, Kees, kom eens hier! Ongelooflijk. Kom eens kijken!" roept hij.

Even later hoort Roy de onrustige ademhaling van Kees vlak achter zich.

"Wat is er?" vraagt Kees opgewonden. "Heb je wat ontdekt?"

Roy geeft geen antwoord. Hij is bezig nog meer stenen uit het muurtje te halen, totdat er een opening is ontstaan die groot genoeg is om doorheen te kruipen.

Kees brandt van nieuwsgierigheid. Toch moet hij wachten tot zijn vriend zich door de opening heeft gewurmd, want het gat is nog veel te smal.

Hij ziet hoe Roy verdwijnt in het duister. Alleen zijn benen steken nog uit het gat. Totdat die met een ruk ook uit het gezicht verdwijnen.

"Au, shit!" hoort hij ergens beneden zich.

Snel kruipt Kees naar de opening en schijnt met zijn zaklantaarn door het gat. Daar ziet hij hoe Roy in een vreemde houding op de grond van een grote ruimte ligt. Een soort kamer, die ruim anderhalve meter lager ligt dan de nauwe bunkergang.

„Hier, pak mijn zaklantaarn eens aan," zegt hij tegen Roy. Die neemt kreunend het voorwerp aan. In het licht van het schijnsel laat Kees zich traag naar beneden zakken tot hij niet verder kan. Dan laat hij zich vallen. Met zijn handen vangt hij de klap op en met een koprol komt ook hij tot stilstand. „Een kwestie van lenigheid en oefening," beweert hij met een stalen gezicht.

„Ja, jij hebt makkelijk praten," zegt Roy geïrriteerd. „Jíj was gewaarschuwd. Moet je kijken, mijn zaklantaarn is stukgegaan."

„Wat geeft dat nou?" reageert Kees, terwijl hij zijn schouders ophaalt. „Dan moeten we gewoon zuinig zijn op mijn zaklantaarn. Als die kapot gaat, hebben we pas echt problemen."

Roy en Kees staan inmiddels rechtop in de bunkerkamer. Met het licht van de lantaarn zoeken ze meter voor meter de ruimte af.

Die ligt niet alleen lager dan de kruipgang, maar is ook ruim een meter hoger dan de opening. Op de betonnen vloer ligt bijna geen zand. Het lijkt wel of die schoongeveegd is. Ook staan de zware, betonnen zijmuren hier niet bol. Dit gedeelte van de bunker lijkt nog tamelijk stevig. Voor hen uit en aan de zijkanten, zien de clubleden gangen die weer toegang geven tot andere ruimten.

„Het lijkt wel een verborgen rovershol," zegt Roy zenuwachtig tegen zijn vriend. „Als er maar geen handgranaten of bommen liggen." Met een pijnlijk gezicht wrijft hij over zijn door de val geschaafde knieën.

„Die zijn toch opgeruimd?" antwoordt Kees. Echt op zijn

gemak voelt hij zich echter ook niet. „Het is trouwens wel vreemd dat het er hier zo netjes uitziet."

„Ja, dat is inderdaad gek."

De stilte is zo intens, dat het geluid van hun stemmen hen als donderslagen in hun oren klinkt.

„We moeten oppassen dat we niet verdwalen," roept Roy ineens geschrokken uit. „Dat heb ik ooit eens gelezen," verklaart hij. „In Limburg zijn er weleens toeristen verdwaald in het gangenstelsel van de Sint-Pietersberg. Zonder gids schijnt het daar heel gevaarlijk te zijn."

„Dit is de Sint-Pietersberg niet, idioot," merkt Kees op. „Het is een bunker met een begin en een eind."

„Oh ja?" antwoordt Roy kribbig. „Zie jij dan een eind? We zijn ergens naar binnen gekomen, maar waar is hier eigenlijk een uitgang?"

Het idee dat hun vrienden ergens buiten de wacht houden, geeft hen het geruststellende gevoel dat ze niet helemaal aan hun lot overgelaten zijn.

Gesterkt door die wetenschap gaan Kees en Roy verder op onderzoek uit. Ze komen via een paar gangen in een ruimte die groter is dan alle andere kamers, waar ze tot nu toe in zijn geweest.

„Allemachtig, kijk daar eens," roept Roy geschrokken uit. Hij richt de zaklantaarn op een groot aantal op elkaar gestapelde vaten met witte vlekken erop. „Wat is dat nou?"

Voorzichtig lopen ze naar de vaten toe. Opeens zien ze tot hun grote schrik tientallen doodskoppen, die met witte verf op de zwarte vaten zijn geschilderd.

„Wegwezen hier," schreeuwt Kees zijn vriend toe.

Achter elkaar rennen de twee door de gangen en de kamers terug naar de kleine opening in het muurtje.

Haastig helpen ze elkaar omhoog en kruipen door de opening en de nauwe, bedompte gang naar het daglicht, ver voor hen uit.

De andere clubleden zien hoe Kees en dan Roy, besmeurd met vuil en met een angstige blik in hun ogen, uit de opening naar buiten kruipen.

„Wat is er aan de hand?" vragen Maya en Suzan geschrokken.

„Doodskoppen, allemaal doodskoppen!" stamelen Kees en Roy.

„Ach, wat nou?" zegt Wim spottend. „Jullie willen toch niet beweren dat daar beneden in die bunker geraamtes liggen? En moeten wij dat geloven?"

„Nee, sukkel, het zijn geen geraamtes! Het zijn doodskoppen, die op vaten zijn geschilderd," antwoordt Roy opgewonden.

„Heel veel grote, zwarte vaten," hijgt Kees.

„Vaten?" zegt Erik op smalende toon. „Hoe kunnen grote vaten nou door zo'n miezerig, smal openingetje in de bunker komen?"

„Hoe moeten wij dat nou weten?" roept Roy, boos over zoveel ongeloof, uit. „Ze staan er, en als jullie ons niet geloven, ga dan zelf maar kijken."

Maar daar voelen de anderen niets voor.

Vooral Maarten niet. Het hele gedoe met de bunker bevalt hem niet. Hij is meegegaan omdat hij niet wil dat Suzan hem een lafaard vindt, maar eigenlijk had hij iets anders in zijn hoofd: een leuke, rustige wandeling, het liefst met Suzan alleen.

„Stel dat het waar is, van die vaten en zo," merkt Wim op. „Stel dat het waar is, dan moet er dus nog een ingang zijn. Eentje die veel groter is dan deze."

„Het is waar, uilskuiken," roept Kees.

„En daarom," sust Maya, „moet er nog een opening zijn."

Maarten schudt zuchtend zijn hoofd. Langzaam sjokt hij achter Suzan en de anderen aan, in de hoop dat ze niets vinden en gauw weer teruggaan naar de tent.

Behoedzaam kijken de clubleden om zich heen. Links en rechts en omhoog lopen ze over het duin waar de bunker onder ligt.

Voorzichtig duwen ze met hun handen de duindoornstruiken opzij om zich een doorgang te banen. De scherpe doorns van de struiken krassen in hun handen. Niets is er te zien wat ook maar enigszins lijkt op een opening.

„Kunnen jullie nagaan in welke richting jullie gekropen zijn?" vraagt Suzan ten slotte.

„Nou ja, ongeveer zo," wijst Roy. „Naar het noorden."

„Nee, volgens mij zo," zegt Kees en hij wijst naar het westen toe. „Maar zeker weten doe ik het niet, hoor."

„Weet je wat," stelt Maya voor, „laten we ons opsplitsen."

Maarten krijgt de taak om naar beneden te gaan. Aan zijn kant kronkelt, niet ver van de voet van het duin, een smal pad door het duinlandschap. Ondanks de dichte bewolking is het helder weer. In de verte ziet hij de rokende schoorstenen van de Hoogovens.

Een beetje weemoedig denkt hij terug aan de aankomst van

de Sirius bij de sluizen van IJmuiden na de ontsnapping uit de haven van Antwerpen. En aan hun avontuur met de Rainbow Warrior nog niet zo lang geleden.

Het stuk duin waar hij loopt, is bedekt met helmgras en afgestorven takken van de duindoorn.

Plotseling voelt hij de grond onder zijn voeten wegzakken. Met een schreeuw valt hij naar beneden. „Au, mijn been, mijn been!" roept hij uit.

Snel rennen de andere clubleden naar hem toe.

„Hierheen," waarschuwt hij hen. „Help me, ik heb mijn been gebroken, geloof ik."

Afgaand op het gejammer vinden ze Maarten. Hij ligt in een betonnen put. Met zijn handen omklemt hij zijn linkervoet.

Vlug springt Kees in de put. Trekkend en duwend lukt het hem om Maarten uit de put te krijgen.

Daarna betast Suzan bezorgd de gewonde voet van Maarten. „Hij is niet gebroken, geloof ik, misschien heb je je enkel verstuikt. Probeer eens te staan."

Met zijn arm over de schouder van Suzan geslagen, richt Maarten zich voorzichtig op. „Au, au," kreunt hij, „ik kan, geloof ik, niet lopen."

Met uitzondering van Wim staan de clubleden in een kring om Maarten heen.

Wim bekijkt de put aandachtig.

„Wat moeten we doen, een dokter halen?" vraagt Erik.

„Dan moet je helemaal naar Castricum lopen," zegt Maya. „En dat is een heel eind."

„Weet je wat?" stelt Roy voor. „We brengen Maarten terug.

We zullen zijn enkel in het verband doen en daarna zien we wel verder."

Ondersteund door Erik en Wim begint Maarten kreunend en strompelend aan de weg terug naar de tent.

Als de club na een moeizame tocht eindelijk bij de tent is, wordt Maarten voorzichtig op zijn slaapzak gelegd.

Met een natgemaakt verband zwachtelen Maya en Suzan zijn enkel.

„Die put leek wel een valkuil," merkt Maarten op als hij op zijn slaapzak ligt, met zijn ene been steunend op een kussen.

„Of een ingang van de bunker, die met opzet is afgedekt om ontdekking te voorkomen," suggereert Wim op een samenzweerderige toon.

„Ja, natuurlijk, zo zijn die vaten de bunker in gebracht!" roept Roy.

„Kennelijk zijn er mensen die er een hele hoop moeite voor over hebben om die vaten op zo'n plek op te bergen," vervolgt Kees.

„Het zijn waarschijnlijk vaten met gevaarlijke stoffen, vandaar die doodskoppen erop," voegt Roy eraan toe.

Even valt er een stilte in de tent.

„Wat nu?" verbreekt Maya het stilzwijgen. Ze kijkt Maarten aan. „Denk je dat we een dokter moeten bellen?"

„Nee, het valt geloof ik wel mee met mijn enkel. Ik hou niet zo van dokters. Maar jullie begrijpen natuurlijk wel dat ik niet meer terug kan naar die bunker. Jammer," zegt Maarten opgelucht. „Zeg, Suzan, wil je misschien bij me blijven?"

„Nou, wij gaan terug," zeggen Roy en Kees beslist.

„En wij ook!" roepen Maya, Erik en Wim.

Suzan aarzelt even. „Nee, toch maar niet. Jij redt jezelf wel. Ik ga met ze mee."

In een lichte motregen lopen de overgebleven vijf clubleden met Maya door de bossen en de duinen naar de bunker. Het is al laat in de middag. Over een paar uur zal het weer donker worden.

Zenuwachtig kijken ze om zich heen, maar de duinen lijken verlaten. Op een aantal zeemeeuwen na zijn ze alleen. Voorzichtig sluipen ze naar de put toe. Over de rand turen ze naar beneden.

„Hé, zie je dat ding daar?" roept Kees. Hij wijst naar iets wat tussen de takken te zien is.

Het is een metalen deksel van één meter doorsnede, waaraan een handvat zit.

„Allemachtig, dat moet de toegang tot de bunker zijn," fluistert Roy.

„Hierdoor zijn de vaten naar binnen gebracht. Het kan niet anders," stelt Wim vast.

Behendig springt Kees naar beneden. Hij grijpt het handvat en langzaam trekt hij de putdeksel omhoog. Dat gaat gemakkelijker dan hij dacht. De deksel draait soepel op een scharnier. „Dit is vast en zeker niet in de oorlog gemaakt," roept hij naar boven. „Het lijkt allemaal gloednieuw."

„Wat zit er onder de deksel?" vraagt Roy zijn vriend.

„Wacht, wacht," mompelt Kees terug. Hij schijnt met zijn zaklantaarn in het zwarte gat.

„De put loopt door," roept hij ten slotte. „Goh, te gaaf, er zitten stalen stangen aan de muur. Het is geloof ik een soort trap."

„Kom onmiddellijk naar boven, Kees," zegt Wim gebiedend. „We moeten niet als een kip zonder kop in een val lopen."

„Dat vind ik ook," beaamt Suzan. „Eerst moeten we overleggen wat we verder gaan doen."

Kees klimt weer omhoog. „Dat zal wel, maar daar beneden is iets. Daar moeten we dus op af!"

„Wacht nou even, Kees," maant Maya. „Suzan heeft gelijk. Als we met z'n allen naar beneden gaan, kunnen we niet in de gaten houden wat er hier buiten gebeurt."

„Zo is het," stelt Wim vast. „Kijk, er kunnen lui rondlopen die iets met deze bunker te maken hebben. En als zij ons in de gaten houden, is het een koud kunstje om de deksel boven onze hoofden te sluiten. Dan zitten we dus als ratten in de val."

Verschrikt kijken de anderen om zich heen. Zachtjes bewegen de takken van de struiken in de wind. Van loerende blikken is niets te bekennen.

„Paniekzaaier," zegt Kees.

„Zeg het maar, Willem," stelt Roy ten slotte voor. „Wat stel je voor? Is het soms je bedoeling om ons weer naar beneden te sturen, zodat jij en Erik de wacht kunnen houden?"

„Precies," antwoordt Wim. „Dat lijkt me wel het beste. Jij en Kees gaan naar beneden en wij houden de omgeving in de gaten. Als er gevaar is, dan krassen we drie keer als een kraai."

„Jij hebt zeker voor indiaan gestudeerd," merkt Kees op.

„Man, je roept dan toch gewoon."

„Ik ga in ieder geval met Kees en Roy mee," zegt Suzan vastberaden.

„En ik ook," knikt Maya.

„Mij best," reageert Wim, „maar niet iedereen kan mee, want de wacht houden is ook belangrijk."

„Zo is het," valt Erik hem bij. „Als er gevaar dreigt, zijn wij de eersten die dat merken."

„En rennen jullie hard weg," zegt Roy ad rem. Hij wacht de reactie van Erik niet af en gaat meteen verder. „Nou, waar wachten we nog op? Naar beneden. We zullen laten zien dat wij niet voor niets lid van Greenpeace zijn."

„Dus driemaal het gekras van een kraai, hè," roept Wim het viertal, dat de put in springt, na.

Een voor een klimmen Roy, Kees, Suzan en Maya via de stalen trap naar beneden. Een paar meter lager komen ze op de vloer terecht. Ze bevinden zich nu in een van de vertrekken van het bunkercomplex.

„Daar zijn de vaten!" roept Roy uit.

„En de doodskoppen," zegt Kees.

Opnieuw staren de doodskoppen de clubleden onheilspellend aan.

„Jullie hebben gelijk," fluistert Maya. „Wie zou die vaten nou toch hier naartoe brengen? Ik heb mijn vader er nooit iets over horen vertellen."

„Geen idee, maar er is hier iets geheimzinnigs aan de hand, dat staat wel vast," merkt Roy op.

Met hun zaklantaarns belichten ze de vaten, die in een apart gedeelte van het bunkervertrek staan. Sommige vaten zijn op elkaar gestapeld.

„Het zijn er wel een stuk of vijftig," zegt Suzan.

Voorzichtig voelt Kees aan de deksels van een aantal vaten. Hij klopt er ook op. „Die zitten potdicht," stelt hij vast.

„Ja, en er staat, behalve die doodskoppen, ook nergens vermeld wat voor troep erin zit," zegt Maya.

„Zou het misschien gifgas zijn uit de Tweede Wereldoorlog?" vraagt Roy zich af.

„Nee, vast niet, want deze vaten zien er veel te nieuw uit," antwoordt Kees. „Ik vertrouw het niet."

Onzeker kijken ze naar de geheimzinnige vaten.

Op het moment dat ze weer naar buiten willen klimmen, horen ze zacht, maar toch heel duidelijk driemaal de roep van een kraai.

„Kra, kra, kra." En dan nog eens, verder weg: „Kra, kra, kra."

„Snel, wegwezen," fluistert Suzan.

„Misschien is het een grap," merkt Kees op.

„Wegwezen, idioot," bijt Roy hem toe. „Sta niet te teuten. Vlug!"

„Hé, maar we kunnen niet terug naar de put," zegt Maya gejaagd. „Daar komt waarschijnlijk het gevaar vandaan. Roy, waar is dat gat dat jullie gisteren hebben gevonden?"

„Hierheen, snel," fluistert hij gejaagd.

Met de handen voor de zaklantaarns schermen ze het licht af, zodat er nog maar een dun straaltje door komt.

„Volg me, ik hoop dat ik de weg nog weet," zegt Roy zenuwachtig.

Achter elkaar rennen de vier clubleden door de gangetjes

in de richting van de andere uitgang.

„Wacht, wacht," sist Kees. „Wat we doen, is ook niet slim. Als er echt iemand aankomt, kunnen we nu zien wie het is. We hebben een prachtkans om te ontdekken van wie die vaten zijn."

Even aarzelen de andere drie. Dan wint hun nieuwsgierigheid het van hun angst. Heel stil sluipen ze terug in de richting van de opslagplaats van de vaten. Op de hoek van de gang die naar de vaten leidt, blijven ze staan. Hier kan niemand hen zien. Maar als ze hun hoofd om de hoek steken, kunnen zij het grootste gedeelte van het vertrek overzien.

„Doe snel de zaklantaarns uit," gebiedt Roy zacht.

In de bunker is nu alleen nog iets te zien vanwege het licht dat flauw door de putopening schijnt. Met ingehouden adem wachten ze op het gevaar dat de bunker binnenkomt. Het duurt niet lang. Eerst horen ze gemompel van stemmen. Dan verschijnen er twee zware laarzen op de bovenste treden van de stalen muurtrap. Twee duistere figuren komen de bunker binnen. Het licht van twee zaklantaarns schijnt fel over de vaten.

Snel trekken de clubleden hun hoofd terug. Tegen de muur van de gang gedrukt luisteren ze met de zenuwen in hun lijf naar de stemmen van de twee mannen.

„Ik vertrouw het niet, Sjaak," zegt een stem. „Zou de politie de opslagplaats soms hebben ontdekt? Ik vind het linke soep worden."

„De vaten staan er nog," antwoordt de andere stem. „Kennelijk zijn die nog niet ontdekt."

„Ja, maar die moeten weg. Zo snel mogelijk. De bunker is

niet langer te gebruiken. We moeten het maar meteen doorgeven aan Feliciano."

De clubleden zien hoe de lichtbundels van de twee mannen heel systematisch het vertrek in de bunker onderzoeken. Even blijft het licht rusten bij de gang waar ze staan.

„Hm, het lijkt of er hier mensen hebben gelopen," merkt de tweede stem op.

„Klopt. Dat ben ik geweest. Ik heb de muur water gegeven," reageert de eerste stem.

De vier clubleden kijken met een vies gezicht naar de muur waar ze tegenaan staan.

„Oh, nou, dan zal het wel niets zijn." Het licht glijdt langzaam verder.

„We moeten ook de Morgenster waarschuwen," zegt de eerste stem. „Wie weet, is de loods in IJmuiden weer veilig. Ik hoop niet dat we de hele operatie opnieuw moeten uitstellen, dat zou Feliciano niet leuk vinden."

„Wil je de bunker verder nog onderzoeken?" stelt de andere stem voor.

„Waarom?" is het antwoord. „Dat heeft geen zin. De bunker is ontdekt. Morgen halen we de vaten weg. Kom op, weg hier. Straks worden we nog gesnapt."

„Au!!!"

Geschrokken kijken Roy, Suzan en Maya naar Kees. Hij heeft in het donker zijn hoofd gestoten aan een stuk betonijzer dat uit de muur steekt.

Ook de twee mannen in de bunker kijken op.

„Holy shit!" roept Roy in verwarring. „Krijg nou het heen en weer. Rennen!"

Met ontzetting zien de clubleden de twee dansende lichten van de zaklantaarns snel in hun richting komen.

„Vlug," zegt Roy in paniek. „Doe de zaklantaarns aan! Volg me, ik denk dat ik die andere uitgang nog wel weet te vinden."

Struikelend en tegen elkaar duwend rennen de clubleden weg van hun achtervolgers.

Met Roy voorop, rennen ze door de gangen en vertrekken naar de andere uitgang toe.

„Nu hierheen," beveelt Roy. „Deze gang door. Daar is de opening."

Voor hun achtervolgers is het niet moeilijk hen te blijven volgen. Het licht en het geluid van de stemmen en voetstappen wijzen hen de weg.

„Hier, Maya, kruip door die opening. Schiet op!"

Soepel springt Maya omhoog en terwijl ze zich met beide handen afzet, wurmt ze zich kruipend door het nauwe gat in het gemetselde muurtje.

Ze trekt Suzan omhoog, die meteen wordt gevolgd door Kees en Roy.

Juist als de voeten van Roy door het gat verdwijnen, komen de twee mannen bij het gat aan.

„Gaan we er achteraan?" brult de ene stem.

„Nee, dat kan niet, het is te smal voor ons," schreeuwt de ander.

Op hun ellebogen en plat op hun buik kruipt het viertal zo snel mogelijk door de nauwe, lage, muffe gang.

„Daar is de opening," zegt Kees zacht, als ze aan het einde van de gang daglicht naar binnen zien schijnen.

Langzaam en met ingehouden adem steekt Maya voorzichtig haar hoofd uit de opening. Vlug kijkt ze om zich heen. Er is niemand te zien. De regen, die weer met bakken uit de hemel komt, plenst op haar hoofd.

Als ze met z'n vieren buiten staan, kijken ze in het rond. Het enige dat ze zien, is wuivend helmgras, wat struiken en een verschrikt wegrennend konijn.

Scherp luisterend proberen ze alle vreemde geluiden op te vangen. Maar behalve het eentonige ruisen van de regen en de zee, horen ze niets.

„Misschien zijn die kerels zo van ons geschrokken dat ze zijn gevlucht," fluistert Maya hoopvol.

„Ssst," sist Roy met zijn vinger op zijn mond. Met zijn hand gebaart hij de anderen hem te volgen.

Gebukt sluipen ze verder, door het struikgewas.

Plotseling staat Kees stil. „Kijk!"

Op nog geen twintig meter bij hen vandaan zien ze door de regen vaag de gestalten van Wim en Erik, die net als zij op hun hurken door de struiken zitten te turen.

„Wim, Erik," roept Roy voorzichtig.

Verschrikt draaien de jongens zich om.

„Kom maar hierheen," roept Erik zacht. „De kust is veilig."

Snel sluipen de vier naar hun vrienden toe.

„Kijk," fluistert Wim, „ze stappen in hun auto."

Ze zien hoe de twee onbekenden even verderop haastig in een bestelbus stappen en wegrijden.

„Kom op, er achteraan," roept Kees uit. „Misschien kunnen we hun nummerbord nog lezen."

Maar als ze op het pad zijn aangekomen, heeft de bestelauto

het klinkerweggetje al bereikt en rijdt er met hoge snelheid vandoor. Hij is te ver weg om het nummerbord nog te ontcijferen.

Het enige dat ze kunnen zien, is de naam van een of ander bedrijf, die met witte letters op de achterkant van de bestelbus staat.

„Waste Control B.V.," leest Erik hardop. Vlug schrijft hij de naam op een oud treinkaartje dat hij nog in de zak van zijn jack had.

„Die zijn weg," constateert Wim.

„Blij toe," zegt Maya opgelucht. „Weten jullie dat ze ons in de bunker bijna te pakken hadden? Kees vond het nodig om opeens heel hard 'Au' te roepen."

Kees kijkt beledigd en voelt aan zijn hoofd. Het belooft een flinke buil te worden.

„Ik was al bang dat ze jullie tegen het lijf zouden lopen. Jullie waren nog maar net naar binnen gegaan," vertelt Erik, „toen we die auto op het weggetje zagen rijden. Eerst dachten we nog dat het gewoon een auto was die toevallig langskwam. Maar toen-ie het pad naar dit duin insloeg en hier stopte, begrepen we dat er iets aan de hand was."

„Zo zie je maar weer," zegt Wim opschepperig, „hoe verstandig het is geweest dat wij de wacht hielden."

„Ja, ja, zo kan-ie wel weer," zegt Roy geïrriteerd. „Eigenlijk zijn jullie de helden, hè? Vergeet alleen niet dat wij wel een paar dingen over die vaten beneden hebben gehoord. En als Kees er niet was geweest, hadden we nog veel meer gehoord."

„Ja, je hoofd, Kees, hoe is het daar mee?" vraagt Maya.

„Dat gaat je geen bliksem aan," mompelt Kees, nog steeds kwaad.

„Hè, hou nu eens op," sust Erik. „Wat hebben jullie gehoord over die vaten?"

# HOOFDSTUK 3

*Waste Control B.V.*

Terwijl de regen op het tentdoek roffelt, zitten de clubleden in het zachte schijnsel van een gaslamp in een kring op de grond. Borden met restantjes witte bonen in tomatensaus staan her en der verspreid.

Buiten is het donker. Door het slechte weer is zelfs de maan niet zichtbaar. Rond de tent staan de donkere silhouetten van de dennebomen.

„Ik heb het toch gezegd," moppert Maarten. „Die bunker is gevaarlijk. Daar moeten wij ons niet mee bemoeien."

Suzan kijkt hem even meewarig aan. Dan staart ze peinzend naar de anderen. „Dus even samengevat," zegt ze, „de vaten mochten niet ontdekt worden. En zeker niet door de politie."

„Precies!" roept Kees opgewonden. „Er gebeurt iets in die bunker, wat..."

„Maar wat betekent Morgenster?" gaat Suzan onverstoorbaar door.

„En over wat voor een operatie zouden ze het hebben gehad?" stelt Maya een tweede vraag.

„Vroeger had je mensen die 's avonds laat of 's morgens vroeg de straten af gingen om te kijken of de mensen soms bruikbare dingen bij hun grof vuil hadden gezet. Dat namen ze dan mee. Ze repareerden die dingen of maakten ze schoon en dan werden ze verkocht. Die mensen werden morgensterren genoemd. Tegenwoordig zie je ze trouwens weer." Erik kijkt voldaan over zijn uitleg de anderen aan.

„Eén ding is in ieder geval zeker," zegt Roy, zonder te reageren op Eriks woorden. „Die kerels komen terug om de vaten op te halen."

Maarten schuift zenuwachtig heen en weer. Het idee dat de mannen terugkomen, zint hem helemaal niet. „Ik vind dat we Greenpeace moeten bellen," meent hij. „Misschien zit er wel zwaar chemisch afval in de vaten. Die doodskoppen zeggen toch al genoeg?"

„Nu nog? Het Greenpeace-kantoor is allang gesloten," merkt Wim op.

„Waarom bellen we de Solo niet op?" bedenkt Suzan. „Dat kan toch, Maarten?"

„Jazeker. We kunnen de Solo proberen te bellen via de autotelefoon aan boord of via de communicatie-satelliet. Siebe heeft mij bij zijn vertrek de nummers gegeven. Ik heb ze bij me."

„Hè, wat doet een autotelefoon aan boord van een schip?" vraagt Kees.

Meteen is Maarten zijn zorgen vergeten. „Kijk, het is simpel. Met het 06-nummer van de autotelefoon op de Solo kun je het schip bereiken als het dicht onder de kust vaart. Volgens Siebe tot dertig à veertig kilometer van land af. Daarbuiten moeten we het telefoonnummer gebruiken dat door de communicatie-satelliet, Satcom, geregeld wordt. Dan maakt de afstand niets uit, al zit de Solo aan de andere kant van de wereld. Maar het is wel duur, ik geloof een paar tientjes per minuut!"

„Per minuut?!" schrikt Maya. „Mijn ouders krijgen een rolberoerte als ze straks de telefoonrekening krijgen!"

„Probeer dan eerst het autotelefoonnummer," stelt Roy voor. „Misschien is de Solo niet zo ver weg."

Met Maarten strompelend tussen hen in lopen de clubleden vlug naar de telefoon in de boswachterswoning.

Maarten staat erop dat hij persoonlijk de Solo belt. Zenuwachtig toetst hij het 06-nummer in.

„Ik geloof dat we beet hebben," zegt hij. „De telefoon gaat in ieder geval over."

Gespannen staan de anderen om Maarten heen.

„Hallo, ja, met Maarten," roept hij dan door de hoorn. „Met Maarten, weet je wel, de broer van Siebe... Ja, Siebe. Kan ik hem even spreken? Ja, ik wacht wel... Dat was Harrent Barra, de kapitein van de Solo," fluistert hij tegen de clubleden. „...Siebe? Ja, met Maarten. Luister, we hebben iets ontdekt in een bunker... Ja, in een bunker." In het kort vertelt Maarten zijn broer het hele verhaal.

„Dus de Solo loopt vannacht IJmuiden binnen? Oké, we zitten in de boswachterswoning aan de Zeeweg. Bij Bakkum, ja... Goed, tot morgen dan."

Langzaam legt Maarten de hoorn neer.

„En?" vragen de anderen. „Wat vond Siebe ervan? Heeft hij weleens van Waste Control gehoord?"

„Even zitten," zegt Maarten steunend. „Mijn voet, shit!" Zijn gezicht ziet bleek. „Ik heb het jullie wel gezegd," begint hij. „Het is levensgevaarlijk. Waste Control B.V. is mafia. Misdaad. Siebe zegt dat we vannacht absoluut hier moeten blijven en niet naar de bunker moeten teruggaan. Hij komt morgenvroeg naar ons toe."

Een ogenblik staart iedereen zwijgend voor zich uit.

„Laten we dan maar gaan slapen," stelt Roy ten slotte voor. „Morgen horen we wel wat er aan de hand is."

Even later lopen Kees, Erik, Wim en Roy met de hinkende Maarten door de tuin terug naar de tent. Ze horen dat Maya en Suzan hen nog groeten, waarna de deur wordt vergrendeld.

Tien minuten later liggen de jongens, diep weggedoken in hun slaapzakken, te luisteren naar de regen. Met alleen het dunne tentzeil tussen hen en de buitenwereld, voelen ze zich niet veilig meer.

Na het ontbijt zitten de clubleden rondom de eikehouten tafel in het boswachtershuis te wachten op Siebe. Opeens horen ze de piepende remmen van een auto. Door het raam zien ze Siebe uit het Greenpeace-busje stappen en naar de voordeur lopen.

„Een goedemorgen, allemaal!" groet hij. „De Greenpeaceclub viert vakantie en wij moeten aan boord van de Solo de Noordzee beschermen. Het is niet eerlijk verdeeld in de wereld, lijkt me."

„Oh, maar jij zit veilig op de Solo en wij lopen hier gevaar," reageert Maarten.

„Daar heb je misschien wel gelijk in. Als die twee schurken jullie te pakken hadden gekregen, dan waren er nu een paar Greenpeace-clubleden minder geweest. Het zijn gevaarlijke lui."

„Ik heb ze gewaarschuwd, Siebe," zegt Maarten. „Maar naar mij luisteren ze niet. Misschien kun jij het hen aan het verstand brengen."

„Ja, vertel eens," willen de anderen weten. „Wat is er dan zo gevaarlijk aan die kerels?"

Voordat Siebe antwoord geeft, pakt hij een stoel en gaat zitten. Hij heeft gezien dat Maya een kop koffie voor hem is gaan halen.

Als Siebe zijn koffie heeft gekregen, horen de clubleden even niets anders dan het slurpen van koffie.

Siebe gaat er goed voor zitten. „Kijk, het zit zo," begint hij zijn verhaal. „Waste Control B.V. bestaat niet. Het bedrijf bestaat niet echt, het is bijvoorbeeld niet ingeschreven bij de Kamer van Koophandel. Het staat alleen geregistreerd op een postbus-adres. Ja, ja, wacht nou even," zegt hij, terwijl hij met zijn handen de vragen afweert, die afgevuurd dreigen te worden. „Onze campagne-coördinator op het Greenpeace-kantoor, John Adelaar, heeft vroeger bij de Rotterdamse havenpolitie gewerkt. Toen hij bij zijn ex-collega's eens informatie inwon over een partij afval die via Rotterdam verscheept zou worden naar Brazilië, hoorden wij voor het eerst van de naam Waste Control B.V. De rechercheurs die destijds het onderzoek verrichtten, waren erachter gekomen dat Waste Control B.V. zogenaamd kantoor hield in een loods in Rotterdam. De loods diende echter alleen als opslagplaats. Nergens was er een kantoor te zien."

„En wat werd er dan opgeslagen in die loods?" onderbreekt Suzan hem.

„Dat is nog steeds de vraag, want toen de politie er ging kijken, bleek de loods leeg te zijn. De mensen achter dit nepbedrijf waren waarschijnlijk getipt over het politie-onderzoek en waren al vertrokken."

„Maar het bestelbusje met die naam Waste Control erop was echt," protesteren Erik en Roy tegelijk.

„Nou en?" zegt Siebe, terwijl hij zijn schouders ophaalt. „Zo'n busje met een naam erop betekent niets. Deze mensen handelen in afval en ze doen dat onder allerlei namen. Soms is dat Waste Trade Incorporated, dan weer The Green Lucky Foundation. Of wat denken jullie van de naam The Easy Money B.V.? Wees ervan overtuigd dat deze heren veel geld verdienen aan hun malafide handel in afval. Daarom doen ze het ook."

„Als ik dat zo hoor, begrijp ik niet waarom jij gisteren aan de telefoon zo schrok en waarom je wilde komen," merkt Maarten op tegen zijn broer. „Toen je me vertelde dat die lui zo gevaarlijk waren, hebben we vannacht geen oog dichtgedaan. Volgens mij heb je ons voor niets bang zitten maken. Misschien is onze Waste Control B.V. wel een heel ander bedrijf dan waar John Adelaar het over heeft."

„Nee, want John is in de dossiers over de handel in afval de naam van een zekere Feliciano tegengekomen. Wij denken dat hij misschien ook wel achter deze organisatie zit."

„Zo iemand als Schuymer*, bedoel je?" vraagt Wim.

„Niet helemaal," antwoordt Siebe. „Schuymer was directeur van een bestaand bedrijf, maar hij ritselde er wat tussendoor. Hij gebruikte zijn vergunningen voor illegale dumping. Mister Feliciano daarentegen is een soort tussenpersoon die werkt voor een grote, internationale misdaadorganisatie. Dit syndicaat heeft allerlei nepbedrijven in Duitsland, Frankrijk,

---

* Zie: Greenpeace in actie. De Sirius ontsnapt

Zwitserland, Italië en ook in Nederland dus. Dat heeft John samen met zijn Greenpeace-collega's in het buitenland ontdekt."

„En wie is die meneer Feliciano?" vraagt Erik.

„Helaas, dat weten wij niet, nog niet althans," antwoordt Siebe.

Even is het stil. De clubleden proberen zich voor te stellen hoe zo'n misdaadorganisatie eruitziet.

„Zeg," begint Suzan aarzelend, „als John Adelaar een dossier heeft waarin Feliciano steeds in verband wordt gebracht met de handel in afval, zou hij dan als ex-politieagent niet achter de identiteit van die kerel kunnen komen?"

„Moeilijk, want we weten zelfs niet welke nationaliteit hij heeft. Wat we echter wel weten, is dat Feliciano in contact moet staan met een belangrijk iemand. Deze onbekende moet heel goed op de hoogte zijn van de mazen in de internationale wetgeving op het gebied van de handel in afval. En hij is goed op de hoogte van het gebrek aan controle op dit soort activiteiten. Bovendien weet hij voortdurend politie-acties voor te zijn. Eigenlijk denken wij dat deze onbekende ergens op de wereld een hoge regeringsfunctionaris is. Iemand met invloed, dus."

Opnieuw valt er een stilte. Door de toevallige ontdekking van een aantal vaten gif in een bunker, ergens in de duinen bij Bakkum, komen ze plotseling terecht in de wereld van de internationale misdaad.

„En wat nu?" vraagt Maya ten slotte. „Wat gaat Greenpeace doen?"

„In de eerste plaats wil ik de bunker weleens zien," stelt

Siebe voor. „Eens kijken of wij daar wat meer ontdekken dan alleen maar doodskoppen op vaten. Je weet tenslotte maar nooit."

„Ik kan niet lopen. Dus ik blijf thuis," zegt Maarten meteen. „Er moet iemand de wacht houden in het kamp."

„We kunnen toch met de auto gaan?" stelt Suzan voor.

„Het lijkt mij verstandiger om de auto te laten staan," zegt Siebe. „Als die lui in de buurt zijn, vallen we met een auto in de duinen natuurlijk veel te veel op. Zeker als er ook nog Greenpeace op die auto staat."

Als ze in de buurt van de hoge zeeduinen zijn, worden ze wat voorzichtiger. Achter elkaar sluipen ze, beschut door het struikgewas, in de richting van de bunker.

Bij de put aangekomen merken ze dat de deksel openstaat.

„Misschien zijn ze gisteren in hun haast vergeten die te sluiten," zegt Roy.

„We zullen zien," bromt Siebe. „Ik ga naar beneden. Eens kijken of daar wat te beleven valt." Hij pakt een zaklantaarn uit zijn jaszak.

Langzaam laat Siebe zich in de put zakken, om vervolgens langs de stalen trap in de duistere bunker te verdwijnen.

Ongeduldig wachten de clubleden op zijn terugkomst.

Even later steekt Siebe zijn hoofd weer uit het gat. „Jongens, helaas, de heren zijn ons opnieuw te slim af. De bunker is leeg. De vaten zijn verdwenen."

„Dan moeten ze vannacht al zijn teruggekomen," roept Maya. In haar stem klinkt teleurstelling door.

„Laten we eens kijken of de heren sporen hebben achtergelaten," stelt Siebe voor.

Aan de ruw afgebroken takken van de struiken langs het pad kunnen ze zien dat de vaten naar beneden zijn gerold. Voorzichtig volgen ze het spoor.

„Als ik het niet dacht," zegt Siebe, wijzend op diepe autosporen in het zand. „Ze hebben die vaten met een vrachtauto opgehaald. Jammer, want anders hadden we allicht wat meer te weten kunnen komen over de kerels die jullie gezien hebben en de bestemming van de vaten. Maar goed, het is niet anders. Kom op, dan gaan we terug naar mijn eenzame broertje."

Weer terug bij de tent, vertellen ze Maarten, die met zijn verbonden enkel op een hoopje kleren ligt, dat de vaten verdwenen zijn.

„En, heb jij nog wat gezien?" vraagt Erik schamper.

„Nee, geluk... ik bedoel, helaas niet. Behalve Esther dan. Die kwam even langs met haar vriendje. Ze zei nog wel dat wij niet zomaar dwars door de duinen mogen struinen. Dat haar vader dat niet goedvindt en zo."

„Poeh," antwoordt Maya snel. „Die vindt het ook niet goed dat zij elke avond naar de discotheek gaat."

„En ik ga weer naar de Solo," zegt Siebe. „Morgen ligt het schip de hele ochtend aan de kade in IJmuiden. Het lijkt mij toch wel handig als jullie daar morgenochtend ook naartoe komen. Ik zal John bellen om te vragen of hij dan ook komt. Dan kunnen jullie hem nog eens vertellen wat jullie zoal in die bunker hebben gehoord. Je weet maar nooit waar het goed voor is."

„En dan kunnen wij mooi de Solo bezichtigen," roept Kees enthousiast.

De volgende ochtend lopen de clubleden al vroeg naar het strand om zo naar IJmuiden te gaan.

Voor hen uit rijzen de schoorstenen van de Hoogovens hoog de lucht in.

Het is droog weer, maar door de koude noordwestenwind is het strand verlaten. Buiten de clubleden en de talrijke zeemeeuwen is er niemand te bekennen.

Een paar uur lopen ze vlak langs de zeerand, hoewel ze af en toe voor een uitrollende golf moeten wegrennen.

Als ze bij de Hoogovens zijn aangekomen, steken ze via de sluizen van IJmuiden het Noordzeekanaal over. Siebe heeft verteld dat de Solo vlak bij het begin van de lange zuidpier ligt.

Erg moeilijk is het Greenpeace-schip niet te vinden. Al vanaf de sluizen is de Solo te zien. Het is een groot, wit schip; over de boeg is een felgekleurde regenboog geschilderd. Groene dolfijnen op twee blauwe schoorstenen maken het schip tot een pronkjuweel van de Greenpeace-vloot. Groter en steviger dan de Sirius of de Rainbow Warrior, maar toch ook sierlijker.

„Wat een schip!" roept Kees geestdriftig uit, wanneer ze op de kade aan de voet van de loopbrug staan, die naar het tweede dek voert.

„Hé, kom maar hier naartoe," horen ze van boven. Het is Siebe, die over de reling bij de stuurhut hangt.

Terwijl de clubleden zich stevig vasthouden aan de trapleuning klimmen ze de steile loopbrug op. Heel voorzichtig, want tegen het uitglijden zijn er slechts smalle, stalen richels op aangebracht.

„Ongelooflijk, wat een schip, Siebe," hijgt Kees als ze op het dek zijn aangekomen.

„En wat een hoogte," roept Roy, terwijl hij naar beneden kijkt.

„Ja, mooi hè?" zegt Siebe trots. „Zeg, voordat we jullie het schip laten zien, willen jullie zeker eerst wel iets warms drinken. Hoe is het met de voet van Maarten?" vraagt hij. „Hij is niet met jullie meegekomen."

„Nee, hij wilde zijn enkel liever nog wat rust geven," antwoordt Suzan. „Hij overleeft het wel, hoor."

„Oh, vast," lacht Siebe. „Maarten is trouwens al eens eerder op de Solo geweest. Voor hem was het dus toch niet zo interessant meer."

Als ze in de kombuis koffie hebben gedronken, lopen ze achter Siebe aan.

Hij leidt hen door een stalen deur met een hoge drempel, waarna ze in een grote ruimte staan, met in de hoek een soort balie.

„Dit is nieuw," verklaart Siebe. „Bij de verbouwing van de Solo hebben we de oorspronkelijke kapiteinshut doorgebroken en deze ruimte erbij getrokken. Dit is de tentoonstellingsruimte met een bioscoopzaaltje, zodat wij de mensen die het schip bezoeken, door dia's en films kunnen laten zien waar we mee bezig zijn. Jullie weten toch dat de Solo is aangeschaft om vooral acties te ondernemen op de Noordzee, hè?"

„Wat gaaf, Siebe," roept Maya enthousiast. „Dat is nou

precies wat ik wil gaan doen als ik van school af ben. Tentoonstellingen inrichten en dat soort dingen. Kan ik nu vast bij jullie solliciteren?"

„En ik ook?" vraagt Suzan.

„We zullen wel zien," reageert Siebe ontwijkend. „Daar ga ik niet over. Schrijf maar eens een brief als het zover is," zegt hij lachend. „Maar goed, om verder te gaan met de rondleiding: hier zien jullie het dierenhospitaal. En hierboven, maar misschien hebben jullie dat al gezien, is een heus helikopterdek."

„Ja, dat zagen we al vanaf de sluizen," merkt Maya op.

„Te gek, zeg, een echt helikopterdek! En waar is de helikopter nu, op patrouille?" vraagt Roy.

„Voorlopig hebben we ontzettend veel geld moeten investeren in de aankoop van dit schip en in de verbouwing," antwoordt Siebe, „en als de donateurs ons blijven steunen, komt er ook een Greenpeace-helikopter. Maar voorlopig huren we die krengen als we ze nodig hebben. Kom, we gaan naar boven, dan laat ik jullie het helidek zien."

Op het helikopterdek aangekomen, zien de clubleden dat er een zwaar net over het dek zelf is gespannen en dat er rondom het dek een stalen vangnet is aangebracht.

„Kijk," legt Siebe uit, terwijl hij naar het net wijst, „stel je eens voor dat het zwaar weer is en het dek nat is geworden door opspattend zeewater of door regen. Dan moet de helikopter toch veilig kunnen landen of opstijgen." Siebe zakt door zijn knieën en pakt het net vast. „Dit net zorgt ervoor, dat de helikopter niet door gladheid of door de wind van het dek af glijdt. En als er toch iets gebeurt, hebben we nog altijd het stalen vangnet."

Siebe draait zich om en wijst naar boven. „En in de stuurhut zit een zogenaamd helikopterbaken, waarmee de piloot de Solo kan vinden. Dat is erg handig als het schip midden op zee is."

„Zeg, Siebe," vraagt Erik, „die mast daar vooraan op het dek, is die niet gevaarlijk voor de heli?"

„Nee, want we kunnen hem vanuit de stuurhut automatisch in- en uitklappen. Dat ideetje hebben we overgehouden aan de problemen die we hebben gehad om de Sirius uit de haven van Antwerpen te laten ontsnappen."

Tijdens de rondleiding vertelt Siebe hun alles over de Solo. Hij laat hun de twee olie-opruiminstallaties zien: een veegarm en een oliescherm, waarmee ze olievlekken bij elkaar kunnen vegen en kunnen afschermen, zodat de smurrie zich niet verspreidt.

In de machinekamer laat hij hun de machtige dieselmotoren zien, die met hun 16.000 pk de Solo tot een van de sterkste zeeslepers in de wereld maken.

Boven op de brug zien de clubleden drie zware bluskanonnen staan, die gekoppeld zijn aan een speciale tank met blusschuim, waarmee branden op schepen bestreden kunnen worden.

„Kom op, het wordt zo langzamerhand tijd om naar de stuurhut te gaan," besluit Siebe zijn rondleiding. Hij gaat hen voor en brengt het zestal naar Harrent en John.

„Zo, daar hebben we onze supporters," begroet een grote man met een open en lachend gezicht de clubleden als ze even later de stuurhut binnenstappen. „Mag ik me even aan jullie voorstellen? Mijn naam is Harrent Barra. Ik ben de kapitein van dit bootje."

„En ik ben John Adelaar," zegt de tegenpool van Harrent. Een kleine, magere man met trillende lippen geeft hun een hand.

Van de gezichten van de jongelui is heel duidelijk af te lezen dat ze niet kunnen geloven dat zo'n iel mannetje de actie-coördinator van Greenpeace is.

„U bent toch politieman geweest?" vraagt Maya ongelovig.

„Jazeker," antwoordt John, „maar laten we het daar nu niet over hebben. Van Siebe heb ik al het nodige over jullie avontuur in de bunker gehoord. Kunnen jullie mij dat nog eens van A tot Z vertellen?"

Terwijl de clubleden hun hele verhaal opnieuw uitgebreid uit de doeken doen, loopt Harrent met Kees in zijn kielzog naar het stuurwiel van de Solo.

„Wat een apparatuur hebben jullie hier staan," zegt Kees vol ontzag.

Inderdaad lijkt de cabine van de stuurhut wel op de cockpit van een verkeersvliegtuig. Overal zitten meters, hendeltjes, lampjes, knoppen en toetsen op het dashboard. Daarnaast is er nog een aantal videoschermpjes.

„Ja, maar dat heb je ook wel nodig om te zien wat er voor, op en achter het schip gebeurt," legt Harrent uit.

„Alles is dubbel, hè?" merkt Kees op. „Twee stuurwielen, twee bedieningspanelen..."

„Dat klopt," antwoordt Harrent. „De reden daarvan is dat de Solo vroeger de Smit Houston was. Het was een zeesleper van de vloot van Smit International. Je weet wel, dat sleepen bergingsbedrijf in Rotterdam. Hollands glorie, zogezegd. Een zeesleper van dit kaliber moet vaak zeer zware vrachten slepen, zoals olietankers of zelfs hele boorplatforms. Stel je eens voor dat de besturing van de zeesleper om de een of andere reden uitvalt. Dan ligt de sleper algauw stil, maar zijn zware vracht niet. Die vaart nog een tijdje door. Het is weleens gebeurd dat dan de vracht over de sleper heen voer. Daarom, ter beveiliging, hebben wij dus een dubbele besturing. Met de motoren is het net zo, ook daar zijn er twee van. Als de ene uitvalt door motorstoring, dan kan de ander het overnemen."

„Heel handig," merkt Kees op „want het is natuurlijk heel vervelend als jullie een actie met de Solo moeten afblazen omdat je pech hebt."

„Precies."

„Het lijkt wel of dit schip voor jullie gemaakt is," zegt Kees, terwijl hij bewonderend rondkijkt.

„Ja, dat vonden wij van Greenpeace Nederland ook. We hebben alleen heel wat hoge golven moeten nemen, voor we de aankoop er doorheen hadden."

„Hoe bedoel je dat?"

„Nou, toen het bestuur van Greenpeace Nederland in september 1990 de Smit Houston kocht, kreeg ze de hele internationale Greenpeace-organisatie over zich heen. Woedend waren ze. Dat het schip zomaar zonder hun toestemming was gekocht, zonder dat daar eerst eindeloos over vergaderd en gedebatteerd was. Maar ja, Greenpeace Nederland moest snel beslissen over de aankoop en toen heeft het bestuur zijn nek uitgestoken. Het heeft de Smit Houston toch gekocht, op eigen verantwoording, omdat het geloofde in het bestaansrecht van het schip. Hoewel over dit soort aankopen normaal gesproken altijd eerst met de gezamenlijke Greenpeace-organisaties wordt overlegd, is dit dus een solo-actie van Greenpeace Nederland geweest. De naam Solo is daar misschien wel aan ontleend."

„Ja, als je dit weet, is het een heel toepasselijke naam," bevestigt Kees.

„Maar goed," zegt Harrent, „omdat de Solo al de nodige successen heeft behaald, je weet misschien nog wel dat we bij Nova Zembla zijn geweest..."

„Ja, dat ging om nucleair afval dat de Russen daar in zee hebben gedumpt, hè?" onderbreekt Kees hem.

„Precies! We zijn ook nog bezig geweest met het schip dat plutonium vervoerde naar Japan."

Kees knikt.

„Sindsdien is het weer goed gekomen met de Greenpeace-organisatie in de andere landen. Want zo gaat dat, ook bij ons. Kom op, we gaan naar je vrienden. Die zijn zo te zien klaar met hun verhaal."

„Hoi, Kees, weet je al hoe je het schip moet besturen?" vraagt Erik.

„Ja, hoor," antwoordt Kees. Hij heeft geen zin verder op de vraag van Erik in te gaan.

„Verroest, het is bijna half twaalf," zegt Siebe. „John, jongen, je moet nodig terug naar kantoor. En wij gaan weer naar zee," knipoogt hij naar de clubleden. „Maar we houden contact, hè?"

Even later gaan de clubleden met John van boord. „En wij

houden ook contact," zegt John tegen hen. Dan stapt hij in de Greenpeace-bus.

„Een goede reis," schreeuwt Suzan naar boven.

## HOOFDSTUK 4

*De Morgenster*

Met z'n zessen naast elkaar lopen de clubleden over de kade langs het Noordzeekanaal in de richting van de pier. De noordwestenwind blaast nu een miezerige regen in hun gezicht. In de plassen worden de grauwe regenwolken weerspiegeld.

„Wat een mooi schip," zucht Kees. „Jammer dat we weer weg moesten. Had John Adelaar nog wat interessants te vertellen?"

„Nou en of," antwoordt Wim, „je kunt wel merken dat hij bij de politie heeft gewerkt."

„Ja," zegt Erik. „Ze hebben al een compleet dossier over Waste Control en het netwerk van nepbedrijven die erbij horen. Die meneer Feliciano en zijn bende zijn wel lekkere jongens."

„En handig," vult Roy hem aan, „want Greenpeace onderzoekt de handel in afval al een hele tijd, maar ook zij weten nog niet goed hoe die lui werken."

„Precies," gaat Wim verder. „John en zijn collega's in het buitenland kunnen heel moeilijk aan harde bewijzen komen. Ze weten bijvoorbeeld niet waar het afval vandaan komt of waar het naartoe gaat. Waarschijnlijk naar een of ander ontwikkelingsland."

Suzan knikt. „Misschien naar Zuid-Amerika of Afrika, maar het kan ook wel naar landen in Oost-Europa gaan. Het probleem is dat de mensen hier in het westen niet weten waar ze hun afval moeten laten. We komen er met z'n allen in om. En er komt steeds meer afval bij, zei John. Ondanks alle mooie plannen van de regeringen om te voorkomen dat er afval ontstaat."

„Ja, en omdat het probleem toch opgelost moet worden, komen er dus steeds meer afvalhandelaren, die op hun manier het probleem oplossen. Ze dumpen de rotzooi gewoon ergens, doen vervolgens net alsof het afval volgens de regels is verwerkt en laten zich daarvoor dik betalen," vertelt Maya kwaad.

Ze kijken allemaal wat bedrukt voor zich uit, terwijl ze verder lopen. Ze zijn bijna de vissershaven uit en lopen nu naar de pier toe.

Maya's kwaadheid zakt een beetje. Omdat de anderen blijven zwijgen, pakt ze de draad van haar verhaal weer op. „John baalde vreselijk dat de vaten in de bunker verdwenen waren. Hij zei dat als wij één vat hadden kunnen meenemen, hij daardoor misschien nog op het spoor van de bende had kunnen komen. Dan hadden ze kunnen kijken wat erin zat, begrijp je?"

„Waarom gaan we John niet helpen?" stelt Roy voor. „We zijn nu toch in IJmuiden. Daar hadden die twee kerels het toch over? Over een loods of zoiets?"

„En over Morgenster," vult Kees zijn vriend aan.

„Weet je wat?" roept Maya uit. „Laten we teruggaan naar de vissershaven. Dan vragen we gewoon aan een paar vissers of zij weten wat er met Morgenster wordt bedoeld. Misschien komen we zo ook wat te weten over die loods van Waste Control."

De anderen volgen Maya, die vastberaden terugloopt de havens in.

Als ze over een van de kades lopen, waait de vislucht hen tegemoet. In de buurt van de grote opslagloodsen is de lucht bijna niet te harden. Ze lopen dan ook snel langs de viskisten die links en rechts metershoog staan opgestapeld.

Een paar mannen in witte overalls spuiten met een waterslang de lege kisten schoon.

Krijsende zeemeeuwen vliegen laag over hun hoofden op zoek naar visresten.

Een aantal viskotters ligt aan de kade afgemeerd. De meeste schepen liggen er verlaten bij.

„Kijk, daar," wijst Suzan, „daar lopen een paar mensen. Kom op!"

Op een van de felgekleurde viskotters zijn twee vissers bezig hun boot op te ruimen. Verwonderd draaien ze zich om als de clubleden hen vanaf de kade staan te bekijken.

„Ook goeiemiddag," roept de jongste van hen. Zijn haar hangt door de motregen in slierten langs zijn hoofd. Hij kijkt zijn maat aan. „We krijgen bezoek."

„Hé, we hebben geen vis meer," roept de ander. „Wat motten jullie?"

Maya doet een stap naar voren. „Kunnen jullie ons ergens mee helpen?"

De oudste van de twee vissers kijkt haar even scherp aan. „Dat ligt eraan wat je weten wilt."

„We zijn op zoek naar een bedrijf dat hier ergens een loods heeft gehuurd. Waste Control heet die firma."

„Nooit van gehoord," antwoorden de beide vissers. „Waste

Control, zei je?" Met gefronste wenkbrauwen schudden ze het hoofd.

„We weten wel alles over viscontrole, maar dat bedoelen jullie waarschijnlijk niet. Ha, ha, ha."

„Hm, wacht eens even," zegt de jongste visser. „Waste Control? Hé, Karel, weet je het nog?" Hij stoot zijn maat aan. „Die inval van de politie vorige week. Ze deden een inval in die loods daar. Die met die groene deuren." Hij denkt even na. „Ja, ik zweer het. Daar heb ik ooit eens een busje naar binnen zien rijden met 'Waste Control' erop geschilderd. Weet je nog dat we dachten dat het de algemene inspectiedienst was, die weer eens wilde controleren of we niet te veel vis hadden gevangen?"

„Verdomd, dat is waar ook," antwoordt Karel. „We moesten toen snel die partij..."

De jongste visser trekt hem aan zijn mouw als teken dat hij verder zijn mond moet houden. „Gaan jullie maar eens kijken bij die loods met die groene deuren." Hij wijst naar een loods niet ver van de vissersboot.

„Dank u wel, meneer," reageert Maya.

„Ahum, meneer, weet u misschien ook wat een Morgenster is?" vraagt Roy voorzichtig.

„Hé, zeg," antwoordt Karel. „Blijven jullie aan de gang? Duvel op, want we hebben meer te doen."

„Kom mee, laten we gaan," fluistert Suzan tegen de anderen. „We weten nu in ieder geval waar de loods is en dat is al heel wat."

Als ze bij de loods zijn, neemt de spanning toe. Ze kijken om zich heen. Behalve een paar mensen verderop, is er op de kade nog steeds niemand te bekennen.

Zenuwachtig frummelt Wim aan het hengsel van een grote schuifdeur. „Op slot," zegt hij opgelucht.

„Deze niet," fluistert Roy.

Net naast de grote schuifdeur is een kleinere deur. Langzaam drukt Roy de deurkruk naar beneden. Piepend draait de deur open.

„Niemand te zien," zegt hij zacht. „Kom, we gaan verder."

Als de clubleden in de loods staan, doet Erik de deur weer zachtjes dicht.

In de schemer zien ze een grote, diepe ruimte. Overal verspreid staan de viskisten hoog opgestapeld. Ook hier hangt een vislucht, vaag maar onmiskenbaar.

„Deze loods wordt volgens mij al een tijd niet meer voor de opslag van vis gebruikt," zegt Wim.

„Maar waarvoor dan wel?" vraagt Suzan.

„Voor die vaten natuurlijk," antwoordt Kees.

Er is alleen nergens een vat te bekennen en er is ook niets anders dat duidt op de aanwezigheid van Waste Control B.V. Geen enkel bewijs. Niets.

Opeens klinkt er een luid gerommel door de loods.

De clubleden staan verstijfd van schrik te wachten op het moment dat ze ontdekt worden, maar er gebeurt niets. Als ze aarzelend naar de plaats waar het geluid vandaan kwam, toe lopen, zien ze dat een van de viskisten van een stapel is gevallen.

Niemand laat zich zien of horen, totdat ze angstig gemiauw horen van een kat.

Opgelucht durven ze weer adem te halen.

„Laten we voor de zekerheid toch maar weggaan," stelt Erik voor. „Hier worden we niets wijzer."

Als ze weer over de kade lopen, diep weggedoken in de kraag van hun regenjack, zegt Roy: „Wat een rotweer. Gaan we dat hele eind teruglopen?"

„Zullen we niet eerst wat gaan eten?" stelt Wim voor. „Zeg, Maya, is er hier geen café waar we wat kunnen eten? Ik heb best trek in een uitsmijter."

„Mij best. Hier vlakbij weet ik een kroeg," zegt Maya. „Zullen we daar naartoe gaan?"

Even later stappen ze een bruin en rokerig hol binnen. Aan de bar zitten een paar knoestige vissers zwijgzaam voor zich uit te staren. De kastelein, een grote, zware man, schenkt zo nu en dan hun glaasjes vol. Het mistroostige weer maakt het café er niet gezelliger op.

De zes clubleden gaan aan een tafeltje bij het raam zitten.

De kroegbaas komt met een verveeld gezicht naar hen toe. Met tegenzin noteert hij hun bestelling van uitsmijters en koffie, waarna hij mopperend naar het keukentje schuifelt.

Na een minuut of tien kunnen ze eten. Hongerig valt het zestal aan.

Zo nu en dan turen ze door de beslagen ruiten naar buiten. Ze zien hoe allerlei schepen af en aan varen.

„Hé, Erik, kijk daar," roept Wim ineens uit. Hij grijpt Erik bij zijn arm. „Die kerels uit de bunker komen eraan. Kijk, daar!"

Opgewonden turen ze met z'n allen door de ramen.

„Shit, Willem, je hebt gelijk," zegt Erik. „Dat zijn ze. Niet te filmen."

"Weten jullie het zeker?" vraagt Suzan.

"Niet te geloven," zegt Wim. "Dat hebben wij weer. Ze komen hier naartoe. Wat moeten we doen?"

"Wegwezen, jullie," sist Erik tegen Kees, Roy, Suzan en Maya. "Misschien hebben ze jullie wel gezien, daar in de bunker."

"Waar moeten we dan naartoe?" vraagt Kees verschrikt.

"Naar de wc's," antwoordt Erik gebiedend. "Schiet op, ze zijn al bijna binnen."

Snel springen de vier op en rennen naar de toiletten, die zich schuin achter de bar bevinden.

"Hé, zeg, een beetje rustig, ja? Jullie zijn niet thuis," bromt de kroegbaas.

Ook de andere cafégasten kijken verstoord op uit hun overpeinzingen.

Een vochtige windvlaag trekt door de kroeg, wanneer de twee kerels binnenkomen.

"Goeiemiddag," groet de een. Hij loopt door naar de bar, gevolgd door de tweede man. "Twee pils, graag."

Met een vluchtige blik neemt het tweetal de aanwezigen op.

Wim en Erik doen net alsof ze gek zijn en gaan verder met het opeten van hun uitsmijter.

Plotseling wijst Erik zo onopvallend mogelijk naar de vier borden waar nu niemand achter zit. Vlug schept Wim de restjes uitsmijter daarvan op zijn eigen bord, terwijl Erik de nu lege borden en kopjes op en in elkaar stapelt en geruisloos naast zich op de vloer zet.

De twee mannen gaan met hun glas bier in de hand rustig

aan het tafeltje naast hen zitten.

„Proost, Sjaak," fluistert de een. „Laten we maar zeggen: op de goede afloop."

„Tja, op de goede afloop." Sjaak heft zijn glas. „Dat ging nog maar net goed."

„Ach, welnee," reageert de ander. „Die vaten liggen nu veilig opgeslagen op hun transport te wachten. De partij uit Rotterdam is ook goed aangekomen. En alle transportpapieren zijn in orde!"

Aan de andere tafel horen Wim en Erik hoe hij even grinnikt.

„Recycling-materiaal heet het nu. Wat een mop. En we hebben een geldige importvergunning. Nou, wat willen we nog meer?! De handtekening van Dr. Uleman himself staat eronder: Nur Oly Uleman. Het kon niet beter."

Gespannen luisteren de twee jongens naar het gesprek van de mannen. Erik doet net of hij met zijn ballpoint allerlei figuurtjes tekent op zijn servet. Onopvallend schrijft hij door de tekeningetjes heen de naam van Uleman. Die naam moet doorgegeven worden aan John.

„Nee, dat bedoelde ik niet," zegt Sjaak nog steeds op fluistertoon. „Feliciano maakt zich zorgen om die andere handel in de loods. En ik ook, want ik vraag me nog steeds af wie dat tuig in de bunker was."

„Man, maak je niet druk," antwoordt zijn maat. „Gewoon wat kampeerders. Het is, dacht ik, herfstvakantie. Maar we moeten dat nieuwe Greenpeace-schip wel goed in het oog houden, en de politie natuurlijk, die ons zo dicht op de hielen zat."

„Volgens Feliciano maakt de Solo proefvaarten op de Noordzee. Ze zijn niet met een actie bezig. Maar ja, Greenpeace blijft Greenpeace natuurlijk. Je weet het nooit met die lui."

„Precies," antwoordt Sjaak. „Daarom zal ik blij zijn als we morgennacht 'Operatie 45' kunnen starten. Het weerbericht is gunstig. Regen en bijna nieuwe maan. Dus donker genoeg voor ons."

„Hé, zeg!" roept de kastelein met luide stem tegen de twee ademloos luisterende clubleden. „Zijn jullie vrienden soms door de pot gezakt? Wat spoken die daar uit? Ik wil geen gedonder in mijn tent. Ik geef ze nog een paar tellen en dan sodemieter ik ze eruit."

Met grote ogen kijken Wim en Erik elkaar aan.

„Drink eens op, Sjaak," zegt de man aan het tafeltje naast hen. „We moeten opstappen. Er wordt op ons gewacht."

Haastig drinkt Sjaak zijn glas leeg en betaalt. Dan stappen de twee het café uit, de regen in.

Erik springt op en rent naar de deur van de toiletten. „De kust is veilig," roept hij naar binnen.

Met rode hoofden lopen de vier de kroeg weer in. De hele tijd hebben ze in de zenuwen gezeten. Wat hadden ze moeten doen als een van die twee kerels gebruik zou hebben gemaakt van het toilet? En ook op de kastelein en de zwijgzame vissers moet hun lange oponthoud in het toilet een rare indruk hebben gemaakt.

„Zeg, zouden we er niet eens achteraan gaan?" vraagt Wim. „Dit is de kans om erachter te komen waar ze naartoe gaan. Erik, betaal even."

Overdonderd betaalt Erik de rekening.

„Oplichter," mompelt hij kwaad als hij de anderen naar buiten volgt.

„Bedankt voor de fooi," roept de kastelein hem nog na. „Vijf-en-twin-tig cent!" Hij spreekt elke lettergreep met nadruk uit, om zijn verbazing nog groter te laten lijken. „Niet te geloven, zeg! Ik ga morgen meteen op vakantie."

Met een klap slaat de deur van het café achter hen dicht.

„Daar gaan ze," wijst Suzan. „Voorzichtig, ze mogen ons niet zien."

De clubleden lopen zo dicht mogelijk langs de gevels van de huizen en kantoren. Nauwlettend houden ze de twee in het oog.

Die lopen nietsvermoedend, met gekromde ruggen, door de regen in de richting van de vissershaven.

Als Sjaak en zijn maat de hoek omslaan, sprinten de clubleden er achteraan.

Voorzichtig loert Kees om de hoek. „Daar zijn ze," wijst hij. „Ze lopen de haven in."

Als de afstand weer groot genoeg is, volgen ze.

De twee mannen lopen over een van de kades. In een uithoek van de haven stoppen de twee plotseling.

Haastig duiken de Greenpeace-actievoerders achter een container.

Met driftige gebaren probeert Sjaak zijn maat iets duidelijk te maken. Het lijkt wel of ze ruzie hebben.

Dan ontstaat er opeens paniek bij het zestal, want Sjaak komt met een kwaad gezicht hun kant op.

„Wat moeten we doen?" vraagt Erik bang.

Ze kijken rond naar een andere plek waar ze zich kunnen verstoppen, maar afgezien van de container is er niets in de buurt.

„We kunnen ook niet achter de container vandaan lopen," fluistert Maya, „want dan ziet Sjaak ons."

„Dan zit er maar één ding op," merkt Roy op. „Zo snel mogelijk wegrennen."

„Ssst," gebaart Suzan heftig. „Hij staat stil."

Op nog geen tien meter afstand kijkt Sjaak kwaad om. Hij vraagt zich kennelijk af of hij terug zal gaan of niet. De aarzeling duurt niet lang. Hij draait zich om en loopt weer in de richting van zijn maat.

Achter de container wordt opgelucht gezucht.

„Dat scheelde niet veel," sist Erik.

„Hé, luister eens," zegt Maya, „ik vind dit gekkenwerk, hoor. Greenpeace jaagt achter die schurken aan en de politie ook. En wat doen wij? Wij doen het nog eens dunnetjes over. Maar Greenpeace en de politie hebben er ervaring mee en wij niet. Ik vind het zo wel genoeg. Het is te gevaarlijk. Ik stop ermee."

„Ik ook," valt Suzan haar bij. „Als je nadenkt over het gevaar dat we lopen, heeft Maya volkomen gelijk. Laten we de Solo bellen of naar de politie gaan om te vertellen wat we weten."

Besluiteloos staren Erik en Wim naar Roy en Kees.

Die kijken elkaar aan.

„Ik ga door," besluit Kees. „Ik wil weten waar die twee naartoe gaan. Misschien kunnen we John dan straks nog wel meer vertellen."

Roy twijfelt. „Suzan en Maya hebben gelijk," denkt hij hardop. „Als we in handen van die kerels vallen, zijn we nog niet jarig."

„Wij doen niet mee," beslissen Erik en Wim ten slotte. „Als je zonodig moet, Kees, ga je maar alleen."

„Oké, dan ga ik alleen. Wat een helden!" Kwaad stapt Kees achter de container vandaan. Als hij kijkt naar de plek waar ze de twee mannen voor het laatst hebben zien staan, ziet hij dat die inmiddels zijn verdwenen. „Kijk, dat krijg je nou van dat geklets," zegt hij.

„Ik ga met je mee," zegt Roy aarzelend. Hij vindt dat hij het niet kan maken om Kees alleen te laten gaan. „Als we niet terugkomen, moeten jullie onmiddellijk Siebe waarschuwen," fluistert hij tegen de anderen.

„Dat zullen we zeker doen, want wij gaan nu terug naar de camping," zegt Suzan. „Reken maar dat Siebe uit zijn vel springt als hij dit hoort. Hij heeft ons gewaarschuwd. Het is jullie eigen schuld als er straks iets met jullie gebeurt."

Even later lopen Kees en Roy over de verlaten kade. Ze kijken om zich heen. Dit gedeelte van de haven maakt een sombere indruk. De hijskranen en schepen wachten in stilte op de bedrijvigheid van de volgende morgen.

„Roy, kijk daar eens," roept Kees, op een punt waar de kade een flauwe bocht maakt. Hij pakt Roy bij zijn arm.

„Wat is er? Zie je wat?"

„Dat schip daar," antwoordt Kees. „Daar aan de overkant. Stom dat we dat niet meteen hebben begrepen."

Aan de overkant ziet Roy een groot vrachtschip liggen.

Aan de mast wapperen de flarden van een onherkenbaar

geworden vlag in de wind. „Krijg nou wat!" roept hij verbaasd uit. „Wie had dat gedacht."

Met grote, witte letters staat duidelijk op de boeg de naam van het schip: Morgenster.

Maarten verveelt zich stierlijk. Nadat zijn vrienden zijn vertrokken, begint het eentonige geruis van de regen op het tentzeil hem steeds neerslachtiger te maken.

Die verdomde voet. Dat míj dat nou moest overkomen. Ik wilde notabene niets met dat gedoe in de bunker te maken hebben. Kees en Roy denken niet na. En het erge is dat ze iedereen met zich meeslepen.

Ook Suzan. Terwijl Siebe nog zo gewaarschuwd heeft. Het zijn levensgevaarlijke gasten, die van Waste Control. En nou lig ik hier alleen en is Suzan naar de Solo toe. Ik zag wel hoe ze naar Siebe keek.

Als Suzan maar niet verliefd is op hem. Ik zal er toch eens met Siebe over praten. Suzan is mijn vriendin en van niemand anders. Wie denkt ze eigenlijk wel dat ze is. Mij inruilen voor Siebe? En waarom is ze met de anderen meegegaan, in plaats van bij mij te blijven?

De uren kruipen zo voorbij. Het is al ver in de middag als Maarten uit zijn gepeins wordt opgeschrikt. Hij hoort door de regen heen het lichte gebrom van een auto.

„Hé, worden ze met de auto teruggebracht?" mompelt hij in zichzelf.

Voorzichtig schuifelt hij naar de opening van de tent. Zo geruisloos mogelijk ritst hij het voorzeil een stukje open. Hij steekt zijn hoofd naar buiten. Nog niets te zien. Het geronk van de auto komt dichterbij.

Dan ziet Maarten hoe een blauwe Mercedes langzaam de toegangsweg naar de camping oprijdt en stopt. De portieren gaan open en twee mannen stappen uit. Ze lopen in de richting van de boswachterswoning.

De twee blijven even staan om te overleggen, waarna ze uit elkaar gaan. De een gaat linksom, de ander rechtsom. Langzaam lopen ze om de boswachterswoning heen en kijken door de ramen naar binnen.

Even voelt Maarten de neiging om uit de tent te kruipen en die twee te vragen wat ze willen. Maar een gevoel van naderend onheil weerhoudt hem daarvan. Met een bonkend hart gluurt hij door de spleet van de tentopening.

Aan de achterkant van het huis komen de twee mannen weer bij elkaar. „Er is inderdaad niemand thuis," zegt de een tegen de ander.

„Feliciano's informatie was weer eens juist," merkt de ander op.

Bij het horen van de naam Feliciano krimpt Maarten ineen. Oh nee, denkt hij in paniek. En ik ben helemaal alleen!

„Ja, maar ik zou toch weleens willen weten wie er dan bij de bunker hebben rondgestruind. Als het gewoon een stel jongens is geweest, hoeft het toch geen probleem te zijn?" zegt de een weer.

„Nee, behalve als het van die milieufanatico's zijn geweest. Dan kun je zelfs van dat jonge tuig nog ellende verwachten. Nee, we zijn hier toch, laten we de boel nu maar grondig aanpakken. Dan kan niemand ons een verwijt maken, als later mocht blijken dat die indringers wel hier vandaan kwamen.

Dus die tent bekijken we ook even, Sjaak."

Maarten verstijft van schrik. De twee mannen zijn al bijna bij de tent en hij kan nergens heen!

De waarschuwing van Siebe gonst door zijn hoofd. Panisch kijkt hij om zich heen.

De slaapzakken! Misschien...

Verlost van zijn verlammende angst duikt hij naar achteren. Hij graait alle slaapzakken bij elkaar en gooit ze over zich heen. Doodstil blijft hij liggen. Hij durft zelfs geen adem te halen. Dan klinkt het geluid van de rits van het voorzeil, die ruw opgetrokken wordt.

„Wat een klerebende," zegt een stem. „Ze ruimen niet eens hun vreten op. Hun bedden ook niet, trouwens. Zo te zien is het gewoon een stel scholieren, die van de boswachter hier mogen kamperen."

„Oké, oké," zegt de ander, „maar het is toch goed dat we het even checken. We zijn een paar keer bijna tegen de lamp gelopen en we kunnen dus niet voorzichtig genoeg zijn."

„Maak je niet zo druk, man," antwoordt de eerste stem. „Voorlopig ligt het spul hier veilig in de loods. Nog even, dan hebben we het gehad. Kom op, we kijken nog even goed rond en dan gaan we weer."

Onder de slaapzakken stikt Maarten bijna.

Pas als de stemmen zich verwijderen, haalt hij voorzichtig weer adem.

Na een paar minuten hoort hij de portieren van de auto dichtslaan, die daarna wegrijdt. Toch blijft hij nog zeker vijf minuten roerloos liggen voor hij de slaapzakken van zich af gooit. Nog trillend over zijn hele lichaam kijkt hij langs het weggeklapte voorzeil naar buiten.

Langzaam komt hij weer tot zichzelf. Hij realiseert zich goed dat hij veel geluk heeft gehad.

# HOOFDSTUK 5

*Loods 45*

„Hé, zaagmachine, wakker worden!" Wild trekt Erik aan de arm van Maarten, die diep in slaap hard ligt te snurken.

„Hè, wat?!" Geschrokken veert Maarten overeind. In een flits denkt hij even dat de mannen van Waste Control voor zijn neus staan. Dan dringt het tot hem door dat hij tegen de lachende gezichten van zijn vrienden aan kijkt.

„Wij maar ontdekkingen doen en risico lopen en meneer ligt lekker avonturen te beleven in zijn dromen. Sommige mensen hebben het goed voor elkaar," grinnikt Maya.

„Oh ja?" antwoordt Maarten boos. „Nou, als jullie maar weten dat ik hier in die rottent door het oog van de naald ben gekropen." Hij vertelt zijn vrienden over de twee mannen die rond het huis en de tent hebben gelopen.

Verbaasd horen ze Maarten aan.

„En toen dook ik dus heel koelbloedig onder de slaapzakken, waardoor ik uit hun handen wist te blijven," besluit Maarten.

„Goh, Maarten, wat goed van je," zegt Suzan. „Dat je je zo kon beheersen, bedoel ik. Ik zou helemaal in paniek geraakt zijn."

„Ach, Suzan," zegt Maarten opschepperig, „wat er ook gebeurt, het is de kunst to stay cool."

Even blijft het stil in de tent. Ze overdenken dat ze tijdens hun vakantie wel een avontuur wilden beleven, maar niet zo een als waarin ze nu verzeild zijn. Dit wordt echt te gek. Zelfs in hun eigen tent zijn ze niet meer veilig.

„Als Kees en Roy maar niets is overkomen," verbreekt Maya de stilte. „Ik bedoel, hoe kwamen die twee kerels op het idee om hier te kijken?"

Omdat Maarten hen niet-begrijpend aankijkt, vertellen ze hem wat ze hebben meegemaakt: aan boord van de Solo, in de loods van Waste Control, in het café en uiteindelijk de achtervolging in de haven.

„Ja, waarom doen ze dat nou?" vraagt ook Maarten zich kreunend af.

„We zouden elkaar weer zien hier op de camping," gaat Suzan verder. „We hebben meteen de bus teruggenomen naar Castricum. Nou ja, meteen. Wat een rotverbinding, zeg."

„We zullen er maar het beste van hopen," zegt Erik. „Misschien komen ze zo wel."

Terwijl ze in een kring op de grond zitten, zet Suzan alles nog eens op een rijtje. „Er zijn dus twee ladingen. De eerste bestaat uit de vaten uit de bunker, die nu kennelijk ergens anders veilig liggen opgeslagen voor transport. Dan zijn de vaten uit Rotterdam er ook nog. Van beide ladingen zijn de transportpapieren vervalst. Bovendien heeft iemand voor een importvergunning gezorgd." Ze stopt even. „Maar wat zouden ze met 'Operatie 45' bedoelen?" vraagt ze zich daarna hardop af.

„In ieder geval vindt die operatie morgennacht plaats," vult Erik aan.

„Ja, en ik zou nu eindelijk weleens willen weten wat Morgenster betekent," vraagt Wim zich af.

„Die Feliciano schijnt zich in ieder geval veel zorgen te

maken over de handel in de loods. Wat dat te betekenen heeft, is ook niet erg duidelijk," zegt Suzan.

„De loods, de loods," roept Maarten opeens uit. Hij stompt zich daarbij tegen zijn hoofd. „Stom, stom, dat ik daar nu pas aan denk. Een van die kerels had het over een loods hier."

„Hier?" roept Maya verbaasd. „Hier op de camping, bedoel je?"

„Nou ja, hier. Dat hoorde ik. Meer weet ik er ook niet van."

„Natuurlijk!" roept Maya uit. „Daarom waren ze hier op de camping. Controleren of alles er nog net zo bij lag als ze het hebben achtergelaten."

„Ongelooflijk," zucht Wim. „Waste Control laat zich ook door niets tegenhouden. Privé-terrein waar ze helemaal niet mogen komen," verklaart hij gewichtig.

„Ach, schei toch uit, Wim," merkt Maya op, geïrriteerd door de onnozelheid van Wim. „Mag niet, verboden terrein? Daar heeft dat soort lui geen boodschap aan, hoor. Die doen alles wat door de wet verboden wordt. Als je dat nu nog niet doorhebt, ben je niet goed wijs."

„Kalm, rustig, Maya," sust Suzan. Ze begrijpt wel waarom haar vriendin zich zo druk maakt over wat er is gebeurd. Bij afwezigheid van haar ouders voelt Maya zich natuurlijk verantwoordelijk voor wat er op de camping gebeurt.

„Zeg, jullie kunnen niet langer in de tent slapen," verandert Maya van onderwerp. Ze klinkt vastbesloten. „Vanaf vandaag slapen jullie in ons huis. De huisdeur kunnen we tenminste vergrendelen. Als die kerels terugkomen, moeten ze in ieder geval eerst de deur openbreken."

Maarten kan zijn opluchting bijna niet verbergen. Wat hij

vandaag heeft beleefd, wil hij absoluut geen tweede keer meemaken.

Als eerste komt hij overeind, neemt zijn slaapzak en luchtbed onder de arm en loopt de tent uit. Strompelend gaat hij het boswachtershuis in.

Erik en Wim volgen zijn voorbeeld. Suzan en Maya pakken de spullen van Kees en Roy, zodat de verhuizing snel is voltooid.

Als de vijf clubleden aan de tafel in de huiskamer zitten, met om zich heen de slordig opgemaakte luchtbedden, staren ze doelloos naar buiten.

„Waar zouden Kees en Roy toch blijven?" fluistert Maya. „Ze hadden er nu toch wel kunnen zijn?"

„Ze hadden er niet achteraan moeten gaan," zegt Erik. „Waarom moeten ze zo eigenwijs zijn? Straks zijn ze gevangengenomen en wat moeten we dan doen?"

„De politie bellen of Greenpeace," antwoordt Maarten. „Dat moeten we trouwens toch doen. We hebben zoveel gehoord."

„Je hebt gelijk, Maarten," antwoordt Suzan. „Laten we de Solo bellen. Dan kunnen we Siebe alles vertellen."

Meteen zoekt Maarten het telefoonnummer op. Als de Solo ver weg is, zal het de boswachter een berg geld kosten.

Op dat moment worden ze opgeschrikt door een heftig getik op de ramen. Verschrikt kijken ze naar buiten. Voor het raam zien ze de gezichten van Roy en Kees.

„Tjonge, jonge," zegt Roy als ze, nadat de deur is ontgrendeld, de woonkamer binnenstappen. „Tegen wie proberen jullie je te beschermen? Is het niet een beetje overdreven de boel hier te barricaderen, terwijl Kees en ik het gevaarlijke werk doen?"

Maarten wil opspringen om te vertellen wat hij allemaal heeft meegemaakt, maar Maya laat hem niet eens aan het woord komen. „Fijn dat jullie er weer zijn. We maakten ons echt ongerust."

„En, hebben jullie nog wat ontdekt?" vraagt Wim. „Waar gingen de heren misdadigers naartoe?"

„Tja," antwoordt Kees. „Door dat gediscussieer van jullie waren we het spoor van die twee eerst kwijt. Maar we hebben toch ontdekt waar Sjaak en zijn maat naartoe gingen. Ze gingen namelijk naar... de Morgenster."

„Aha," roept Erik uit. „De Morgenster! Alweer een raadsel opgelost. Maarre... wat is de Morgenster?"

„De Morgenster moet dus een schip zijn," concludeert Suzan voor Kees antwoord kan geven.

„Precies," reageert Roy. Bewonderend kijkt hij Suzan aan. „De Morgenster is een groot vrachtschip, dat gisternacht, even voor de Solo, de haven van IJmuiden is binnengelopen. Althans, dat vertelde de havenmeester ons. Toen we die twee boeven in een blauwe Mercedes zagen wegrijden, zijn we even bij hem langsgegaan."

„Ja," zegt Kees nadrukkelijk. „Die vertelde ons bovendien, dat de Morgenster vanochtend vroeg een lading heeft ingenomen en morgenavond vertrekt. Kijk, het is gewoon een kwestie van even nadenken, Willem," zegt hij met een grijns rond zijn mond. „De lading bestaat natuurlijk uit de vracht uit Rotterdam."

„Je moet niet te snel conclusies trekken, Kees." Wim laat zich niet op z'n kop zitten. „Er is namelijk nòg een lading die ze aan boord moeten brengen. Die lading bevindt zich ergens in een loods hier op het terrein." Zelfgenoegzaam leunt Wim na deze woorden lui achterover in zijn stoel.

„En jullie zijn er natuurlijk meteen achteraan gegaan?" wil Roy weten. „Jullie hebben inmiddels de loods opgespoord en jullie kunnen ons nu vertellen wat voor handel er in die loods staat?"

„Nee, dat kunnen we niet," antwoordt Wim, „want we waren net van plan om de Solo te bellen om de hele zaak met Siebe door te nemen."

„Ja," antwoordt Maarten. „Als jullie zouden weten wat ik heb meegemaakt... Ik kan je precies vertellen waar die blauwe Mercedes naartoe ging. En ik doe niet langer mee met jullie avonturen. De politie en Greenpeace kunnen niet eens tegen deze bende op. Wat denk je dan dat wij zouden kunnen doen?"

„Nou, gewoon, hè," antwoordt Roy, terwijl hij zijn schouders ophaalt. „Wij stappen er gewoon op af. Wij gaan geen grote, sterke broers te hulp roepen."

Maarten reageert niet. Hij draait het 06-nummer van de Solo.

„Shit," zegt hij ten slotte. „Geen verbinding mogelijk. Ik moet het via de Satcom doen, Maya. Er zit niets anders op."

„Maakt niet uit," zegt Maya op besliste toon. „Het kan me niet schelen hoeveel het kost. Het is tè belangrijk."

Haastig draait Maarten het dure nummer. Zijn voorhoofd glimt van het zweet.

Please, please, denkt hij. Laat me alsjeblieft contact krijgen.

Plotseling klaart zijn gezicht op. „Oh, Siebe, wat ben ik blij dat ik je te pakken heb. Moet je luisteren, we zitten in grote problemen." Hij vertelt zijn broer het hele verhaal.

Siebe blijkt goed te kunnen luisteren, want geen moment hoeft Maarten zijn verhaal te onderbreken.

„De importvergunning is ondertekend door ene... Hé, hoe heet die man ook alweer?"

Snel schrijft Erik de naam op een papiertje en geeft het aan Maarten.

„Het is ene Nur Oly Uleman." Hij herhaalt de naam nog eens langzaam. „Precies. Morgenochtend? We zullen op hem wachten. Tot ziens."

„En, en?" vragen de anderen nieuwsgierig als Maarten de hoorn heeft neergelegd.

„De Solo is alweer op de Noordzee," antwoordt Maarten. „Ze zijn op weg naar de Doggersbank. Ze komen pas morgen in de namiddag terug in IJmuiden. Maar Siebe zal het Greenpeace-kantoor bellen en aan John Adelaar doorgeven dat hij morgenochtend meteen naar ons toe moet gaan."

„Wist hij wie Nur Oly Uleman was?" vraagt Erik opgewonden.

„Nee, maar hij zal die naam doorgeven aan John. Dus hopelijk weten we morgen meer. Hij wist ook niet wat 'Operatie 45' kon betekenen. Wat de Morgenster betreft, dat vond hij groot nieuws."

„Zie je wel," zegt Kees stoer. „Wíj komen tenminste met belangrijk nieuws."

Maarten wil reageren, maar Maya is hem voor. „Geen gezeur nou," zegt ze fel. „Nu moeten we als eenheid opereren. Of je bent een Greenpeace-club of helemaal niks."

„Zeg maar wat we moeten doen," zegt Roy, die het wel fijn vindt dat Maya de leiding neemt. „Wat zijn je plannen?"

„Heel eenvoudig, Roy. Mijn vader heeft hier de sleutels liggen van alle loodsen op het terrein. En daarmee gaan we nu al die loodsen inspecteren."

„Goed idee," merkt Kees op.

Alleen Maarten sputtert tegen. „Jullie bezorgen jezelf de ene moeilijkheid na de andere."

„Nou, dan blijf je toch hier," zegt Suzan.

Maar daar voelt Maarten niets voor. In z'n eentje voelt hij zich ook onder dit dak niet meer veilig. Mokkend schikt hij zich in het voorstel.

Een paar minuten later lopen ze, met Maarten hinkend tussen hen in, de camping op.

Zo te zien is het in de zomer heel gezellig op de camping. Omdat het terrein nogal uitgestrekt is, staan de vakantiehuisjes en caravans niet zo dicht op elkaar. Op diverse punten staan stenen gebouwtjes met rijen toiletten, douches en wasgelegenheden.

„Kijk," wijst Maya. „Daar staat een opslagloods."

De anderen zien een groot stenen gebouw met een rieten kap. In de voor- en zijgevels zitten grote deuren. Op een van de gevels is een wit nummer geschilderd. Nummer 38.

„Alle loodsen zijn genummerd en dienen als opslagplaats voor de vakantiehuisjes van dat gedeelte van het terrein," legt Maya uit.

„Hoeveel loodsen zijn er eigenlijk?" vraagt Erik.

„Acht," antwoordt Maya. „Genoeg om in de winter alles kwijt te kunnen." Uit de bos met sleutels kiest ze die met nummer 38 erop uit en opent daarmee een van de deuren.

Binnen staan de gedemonteerde vakantiehuisjes keurig gesorteerd in stellingen. Langzaam lopen de clubleden alle stellingen langs.

„Nou," zegt Maya ten slotte. „Hier lijkt alles oké. Geen verdachte lading te bekennen. Kom op, dan gaan we weer verder."

Ze doorzoeken loods voor loods, waardoor ze het hele terrein over moeten. Uiteindelijk komen ze bij een loods die nogal achteraf ligt. Ze zijn nu op het gedeelte van de camping dat tegen de echte duinen aan ligt en ver van het boswachtershuis.

„Zeg, Maarten, je weet zeker dat je niet hebt liggen ijlen, hè?" vraagt Wim hem. „We hebben nu zeven loodsen onderzocht en nul komma nul gevonden."

„Ik heb het duidelijk gehoord," antwoordt Maarten. „En bovendien, als die schurken hier niets te zoeken hebben, waarom zouden ze dan zo'n belangstelling hebben voor het huis en onze tent?"

„Ja, daar heb je ook weer gelijk in," antwoordt Wim.

„We zullen zien, want als er ergens iets zou moeten liggen, dan kan het haast alleen nog maar in deze zijn," zegt Maya, terwijl ze naar de betreffende loods wijst. „Nummer 45. Het is een nieuwe loods, die nog niet zo lang geleden is gebouwd vanwege de uitbreiding van de camping."

„Wacht eens even," zegt Suzan nadenkend. „Loods 45? Die gangsters hadden het toch over 'Operatie 45'?"

Meteen houdt iedereen de adem in. Zou het toeval zijn? Zouden in deze loods de verdwenen vaten uit de bunker staan? Ze kijken om zich heen. Als dit de bewuste loods is, dan kan het weleens gevaarlijk worden.

Er is echter geen spoor te bekennen van iets of iemand die iets met Waste Control te maken heeft. Zelfs de konijnen en fazanten laten zich niet zien. Het enige dat ze horen, is de wind die door de toppen van de dennebomen huilt.

Voorzichtig, maar ook gespannen, lopen ze naar de loods.

Met sleutel 45 opent Maya de deur. Vlug doet ze het licht aan en kijkt naar binnen. Ze ziet de lange stellingen die hier staan opgesteld. „Hé, wat gek," zegt ze zacht tegen de anderen. Ze stapt de loods binnen. „Wat is hier gebeurd?"

„Wat bedoel je?" Maarten, die naast haar staat, fluistert van angst.

„Daar in de hoek, bij dat enorme tentzeil, stonden stellingen. Volgens mij zijn die weg. Maar mijn vader heeft dat niet gedaan."

Terwijl ze zo min mogelijk geluid proberen te maken, gaan nu ook de anderen naar binnen. Ze lopen in de richting van het zeil, dat over een hoge berg spullen ligt. Het is moeilijk te zien wat eronder ligt.

Als eerste is Maya bij het zeil. Ze tilt het op.

Roy helpt haar, totdat iedereen kan zien wat eronder zit.

Maarten geeft een schreeuw van schrik.

Tot hun verbijstering zien ze grijnzende doodskoppen op glanzende, zwarte vaten.

„Dus dit is de handel waar die twee kerels het over hadden," zegt Roy met hese stem.

„We moeten hier weg," roept Maarten uit. Door wat hij eerder heeft meegemaakt, is hij meteen in paniek. „En vlug ook."

De reactie van Maarten zet de anderen plotseling in beweging. Ze rennen terug naar de deur van de loods. Buiten kijken ze opgewonden om zich heen. Ineens lijkt het wel alsof er achter elke boom iemand van Waste Control staat.

Maya gebaart dat ze stil moeten zijn en haar moeten volgen. In looppas gaat het nu naar het boswachtershuis.

Puffend en kreunend strompelt Maarten achter de anderen aan. „Wacht op mij, wacht op mij," roept hij.

„Hé, jongens, Maarten kan niet meekomen," zegt Kees. „We kunnen hem niet alleen laten. We moeten hem helpen."

Met tegenzin draaien de anderen zich om.

Op dat moment zien ze hoe een in het zwart geklede man vanachter de struiken naar Maarten sprint. Ruw pakt hij Maarten beet en sleurt hem met zich mee.

„Kom op," schreeuwt Kees. „Erop af!"

Tegelijkertijd zien zij nog eens drie kerels uit de struiken komen.

„Pas op!" schreeuwt Erik. „Hier kunnen we niet tegenop."

Zo snel ze kunnen, rennen ze weg van het gevaar.

„Help, help!" schreeuwt Maarten.

„Ze nemen hem mee," roept Suzan.

„Shit, shit, shit!" vloekt Roy.

Maya is gestopt en ziet hoe de vier mannen Maarten met zich mee slepen. Moedeloos haalt ze haar schouders op. „Jongens, hier kunnen we niets meer aan doen. Als we thuis zijn, moeten we meteen mijn vader bellen."

Terwijl ze naar het huis rennen, vraagt Roy haar: „Moeten we niet ook de politie bellen? En Greenpeace?"

„Natuurlijk, maar dat hoef ik nu toch niet allemaal uit te

leggen?" antwoordt Maya, terwijl ze Roy kribbig aankijkt.

Even later staan ze hijgend voor de deur van de boswachterswoning. Ze maken de deur open en bijna struikelend over elkaar gaan ze naar binnen.

Roy vergrendelt de deur.

„Doe de gordijnen dicht," gebiedt Maya de anderen. „Voorlopig zijn we hier veilig."

„Ja, maar voor hoe lang?" zegt Wim.

Een angstig voorgevoel maakt zich van hen meester.

## HOOFDSTUK 6

*In het crisiscentrum*

Maya belt meteen de politie van Castricum. Vervolgens neemt ze contact op met Siebe op de Solo en met John Adelaar in het Greenpeace-kantoor in Amsterdam. Ten slotte belt ze haar ouders.

Toevallig zit haar moeder op de hotelkamer televisie te kijken. „Ja, mam, het is echt waar. Vier kerels hebben Maarten gekidnapt... Ja, ik heb de politie gebeld... Dat wilde ik jullie ook al vragen... Ik zie jullie dan wel verschijnen, hè? Laten jullie even weten wanneer we jullie weer thuis kunnen verwachten?... Goed, ik merk het wel... Ja hoor, we redden het wel... Nou, tot gauw, hè." Met een zucht legt ze de hoorn neer.

De anderen kijken haar aan. Het enige dat ze nu nog kunnen doen, is wachten.

Maar hoe lang, en wat kan er in de tussentijd gebeuren? Zullen de kidnappers niet terugkomen om ook hen mee te nemen?

Op de Solo heeft men inmiddels de motoren op volle kracht gezet, om zo snel mogelijk weer terug te zijn in de buurt van IJmuiden.

John Adelaar zal ook meteen komen, terwijl in Castricum een politiewagen met gillende sirenes van het bureau is vertrokken.

Op de camping laten de ontvoerders van Maarten zich echter in geen velden of wegen zien.

De minuten tikken voorbij. Buiten is het al donker geworden.

„Ik hoor de sirene van een politiewagen," zegt Kees opeens opgewonden.

Met gespitste oren luisteren de anderen mee.

„Poeh, wat een opluchting," zucht Suzan.

Ze horen hoe de sirene dichterbij komt.

Met piepende remmen stopt er een auto. Portieren slaan dicht en ze horen hoe er twee mannen naar de deur rennen. Terwijl er luid wordt geklopt, wordt er geroepen: „Politie, doe open!"

Erik was al opgestaan en opent de deur. Twee politieagenten stappen naar binnen.

„Een goedenavond, allemaal," zegt een van hen. Hij kijkt de clubleden aan. „Niemand van jullie is gewond? En die jongen die gekidnapt zou zijn?"

„Dat weten we niet, maar hij is wel weg," antwoordt Maya enigszins geïrriteerd.

De agent kijkt zijn collega aan en haalt even zijn schouders op, terwijl op zijn gezicht een uitdrukking ligt van: geloof jij het?

„Nou, vertel maar eens wat er gebeurd is," zegt de ander. „Jullie vriend is verdwenen, heb ik begrepen?"

„Nee, nee," antwoordt Roy. „Niet verdwenen. Hij is door de bendeleden van Waste Control gevangengenomen en meegesleept."

„Waste Control? Wat is dat?" vragen de agenten vrijwel gelijktijdig.

Hierop geeft Suzan aan hen een uitvoerig verslag van al

hun ontdekkingen en avonturen van de afgelopen dagen.

Tijdens haar verhaal maken de agenten notities. In hun ogen verschijnt een bezorgde blik.

„Hebben jullie misschien de auto van de ontvoerders gezien?" vraagt de oudste agent ten slotte.

„Nee, alleen die kerels zelf. Ze waren met z'n vieren," antwoordt Wim. „Waar ze naartoe gingen, weten we niet, want we renden zo snel mogelijk hierheen."

„Hm, ik vind het een vreemd verhaal," merkt de oudste agent op. „Jullie weten er alleen zoveel over te vertellen dat er ergens wel iets van waar zal zijn. In ieder geval vind ik het niet langer verantwoord dat jullie hier alleen blijven." Hij draait zijn hoofd naar zijn collega. „Sven, ik weet niet wat jij ervan denkt, maar de situatie is nogal onduidelijk en mogelijk gevaarlijk. Laten we dus maar hier blijven tot de recherche er is. We zullen meteen contact met hen en met de politie in IJmuiden opnemen."

Onmiddellijk loopt de met Sven aangesproken agent naar de surveillanceauto.

Terug in de woonkamer deelt hij mee dat er een paar rechercheurs naar de camping komen. Voor onderzoek en voor het geval dat de ontvoerders contact zullen opnemen. „Ik heb zo'n donkerbruin vermoeden dat wij te maken zullen krijgen met een gijzeling," bromt hij. „Hebben jullie de ouders van Maarten al op de hoogte gebracht?"

Ontsteld kijken de clubleden elkaar aan. Dat ze daar niet aan hebben gedacht! Hoewel, Siebe zal natuurlijk meteen zijn ouders vanaf de Solo hebben gebeld.

Suzan springt op en rent naar de telefoon.

„Nee, laat maar," zegt de oudste agent. „Onze Amsterdamse collega's zullen de boodschap wel overbrengen. Maartens ouders zullen wel hierheen willen komen, reken daar maar op."

„John Adelaar van Greenpeace is ook onderweg hierheen," roept Erik uit. „Die kan hier elk ogenblik zijn. Hij weet met wat voor gangsters we te maken hebben."

„Mooi," zegt de agent. „Hoe meer we te weten komen, hoe beter. Heb je de collega's in de andere gemeentes al gewaarschuwd?" vraagt hij aan zijn maat.

Die knikt. „Ja, het is alleen jammer dat we geen signalement hebben van de auto van de ontvoerders."

„Oh, wat zijn we toch een stel koeiekoppen," roept Suzan. „We hebben geen auto gezien van de kidnappers. Maar die twee ellendelingen, die Maarten al bijna in de tent overmeesterden, reden toch in een blauwe Mercedes. Misschien zijn ze wel op de camping gebleven, omdat ze een afspraak hadden. In loods 45," zucht ze.

Onmiddellijk springt de oudste agent op en loopt naar de politieauto. Als hij terugkomt, kijkt hij zorgvuldig op zijn horloge. „Ik heb het signalement van de auto doorgegeven," verklaart hij. „Maar tja, de ontvoering heeft alweer een uur geleden plaatsgevonden. Een uur voorsprong lijkt niet veel, maar kan genoeg zijn."

De twee agenten kijken even zwijgend naar de groep jongens en meisjes.

De Greenpeace-club zit er ook stil bij. Suzan, Roy en Kees kijken somber voor zich uit.

Maya bijt van de zenuwen op haar nagels, terwijl Wim en

Erik naar de wijzers staren van een grote hangklok.

Plotseling rinkelt de telefoon. In de stilte klinkt het oorverdovend.

Meteen springt Sven op en grijpt de hoorn. Aan zijn gezicht kunnen de clubleden zien dat er aan de andere kant van de lijn iets belangrijks wordt gezegd. Driftig gebaart hij naar zijn collega. Die komt haastig aangelopen.

„Ja, dus jij bent Maarten? Ja, ik heb het begrepen."

De agent luistert opnieuw.

„Dus ze willen een vrije doorgang en ze nemen weer contact met ons op?... Juist! Waar ben je..."

Blijkbaar wordt het gesprek abrupt afgebroken. Langzaam legt de agent de hoorn op het toestel.

„Nou, Mark, we hebben een mooie zaak te pakken," zegt hij. Uit zijn toon blijkt wel dat hij er helemaal niet blij mee is. „Het is me wat moois. De ontvoerders willen met hun schip een vrije doorgang en ze houden die jongen, Maarten, gevangen als waarborg. Hij vertelde dat hij door zijn kidnappers niet wordt mishandeld. Dat is tenminste wat."

Het telefoontje van Maarten drijft de spanning in de kleine boswachterswoning nog meer op.

Plotseling horen ze buiten een aantal auto's stoppen.

Het blijken politiewagens, waaronder een busje, te zijn. Een hele groep politiemensen komt naar de woning toelopen. Maya laat ze binnen. Sommigen zijn gekleed in uniform, anderen in burger.

Even later is de huiskamer helemaal vol. De luchtbedden zijn aan de kant gelegd en Maya en Wim slepen vanuit het hele huis stoelen aan.

Als de rechercheur die kennelijk de leiding heeft van de nieuwe groep, even overlegd heeft met agent Mark, richt hij zich tot de clubleden. „Zouden jullie mij precies kunnen vertellen wat er gebeurd is? Overigens, mijn naam is Ton van den Broecke."

Zo gedetailleerd mogelijk doen de clubleden hun verhaal over de gebeurtenissen van de afgelopen dagen.

Opeens onderbreekt Kees Maya, die juist bezig was te vertellen hoe ze, direct na de kidnapping van Maarten, naar haar ouderlijk huis waren gerend. „Hé, er wordt weer op de deur geklopt!"

Het is John Adelaar. Ook hij schuift een stoel aan bij de lange, houten tafel.

Zorgvuldig analyseren de politiemensen met John de feiten.

„We weten inmiddels heel wat meer," vertelt John. „De Morgenster vaart onder Nigeriaanse vlag. De eigenaar van het schip kennen we niet. Waarschijnlijk gebruikt de afvalmafia hier een stroman voor. Verder is het zo klaar als een klontje. De Morgenster vervoert allerlei soorten gevaarlijk afval naar Afrika. En wij hebben ontdekt naar welk land. Het was de naam van Nur Oly Uleman die ons op het spoor zette. Deze man is de broer van een van de stamhoofden in Somalië. Sinds die verschrikkelijke burgeroorlog, heeft de strijd tussen de stammen Somalië gemaakt tot een anarchie, waar slechts één wet geldt, namelijk het recht van de sterkste."

Even stopt John met zijn verhaal. Hij kijkt de politiemensen doordringend aan. „In een land waar geen recht heerst, zullen de regels over afvaltransport, zoals die zijn vastgelegd in de Conventie van Basel, niet worden nageleefd. Dat zal u niet verbazen. Bovendien hebben sommige rijke Westerse landen het verdrag nog niet geratificeerd." Op de vragende blik van agent Sven, legt John uit: „...ondertekend... en daar zijn de arme landen de dupe van."

„Heeft Greenpeace ook ontdekt welke afvalfirma's zich met deze misdadige praktijken bezighouden?" vraagt Ton van den Broecke.

„Oh, niet alleen Greenpeace," antwoordt John. „De UNEP, dat is de milieu-afdeling van de Verenigde Naties, weet dat ook. Zij hebben via-via enige informatie gekregen over contracten die zijn afgesloten tussen een Zwitsers bedrijf, genaamd 'Air en Brothers', een Italiaans bedrijf 'Nascosto' en dus die Nur Oly Uleman uit Somalië. Het zou om gigantische hoeveelheden afval gaan, tientallen miljoenen tonnen, met enorme winsten voor alle betrokkenen. Per scheepslading vier tot zes miljoen gulden, schat men. We hebben ook gehoord dat Nascosto, het Italiaanse bedrijf, een schip wil laten bouwen met verbrandingsovens om een gedeelte van het afval voor de kust van Somalië te verbranden. Een ander deel wordt gewoon in zee gestort. Of op land. Heel wat drinkwater is daardoor de afgelopen tijd vergiftigd," eindigt hij zijn verhaal.

„Is de Centrale Recherche en Informatiedienst al op de hoogte? En Interpol?" vraagt een andere rechercheur.

John knikt. „Het is ook een internationaal schandaal," voegt hij eraan toe.

„De bedrijven die u net noemde, zijn die al doorgelicht?" vraagt Ton van den Broecke.

„Dat is een ander probleem," antwoordt John. „Ten eerste

ontkennen de bedrijven het bestaan van het contract en ten tweede werken zij met ondoorzichtige postbusbedrijfjes," gaat hij verder.

Al die tijd luisteren de clubleden bijna ademloos. Hun angst om de veiligheid van Maarten wordt door het verhaal van John echter steeds groter.

„Zijn de kerels die Maarten gevangen houden erg gevaarlijk?" wil Suzan weten.

„Ja. Het zijn criminelen, maar natuurlijk zijn het niet de grote jongens. Die blijven buiten schot. Die werken zogezegd achter de schermen."

„En Feliciano?" vraagt Suzan. „Wat is zijn rol? De twee boeven uit de bunker spraken over hem alsof hij een grote jongen is."

„Feliciano is een tussenhandelaar," antwoordt John. „Hij is de contactpersoon voor de betrokken bedrijven. Hij laat het afval dat hem door de bedrijven wordt aangeboden, verdwijnen. Je moet hem zien als een soort koppelbaas. Daarom hadden de schurken het ook over hem. Hij is de enige die ze kennen, omdat ze alleen met hem werken. Voor wie Feliciano werkt, weten ze niet. Wij jammer genoeg trouwens ook nog steeds niet."

Gedurende de informatie-uitwisseling lopen een paar politiemensen voortdurend de woning in en uit. Een van hen loopt naar Ton van den Broecke toe, die tegenover John Adelaar zit. Hij fluistert hem iets in het oor.

„Nieuwe feiten," zegt de rechercheur. „We zijn net gebeld door onze collega's in IJmuiden. De ontvoerders hebben contact opgenomen met een plaatselijke krant, die een boodschap moest doorgeven aan de politie. Die jongen wordt gegijzeld aan boord van de Morgenster. Het schip ligt nog steeds in de haven, een tiental meters van de kade af. We hebben alle betrokken instanties gewaarschuwd. Het Ministerie van Justitie heeft toestemming gegeven om een commandoteam dat speciaal is getraind voor gijzelingszaken, naar IJmuiden te sturen."

Ton van den Broecke kijkt een moment voor zich uit. „Goed. Dan gaan wij daar ook heen. Maar eerst wil ik met jullie," hij knikt naar de clubleden, „naar loods 45 toe. Eens kijken of wij nog iets kunnen vinden."

Met de politieauto's rijden de clubleden naar de afgelegen loods op de camping. Het regent weer eens.

„Kijk," roept Maya vanuit het busje. „De deur van de loods staat open en de lichten zijn aan."

Even later lopen de clubleden opnieuw in de loods, nu omringd door politiemensen.

„De vaten liggen er nog," roept Roy. „Die smerige kidnappers hebben ze niet meegenomen."

„Daar zullen ze wel geen tijd voor hebben gehad," zegt Ton van den Broecke. „Toen ze zagen dat de geheime bergplaats van hun vaten ontdekt was, wilden ze natuurlijk zo snel mogelijk aan boord van de Morgenster komen." De rechercheur geeft aanwijzingen aan zijn mensen. „Hopelijk hebben ze wat achtergelaten," merkt hij op.

Roy ziet dat Suzan Maya vragend aankijkt. Hij wijst op zijn vingertoppen, waarna Suzan begrijpend knikt. Natuurlijk, vingerafdrukken.

„Bestel een takelwagen. Na het onderzoek kunnen ze de

vaten opslaan. Vraag aan het laboratorium dat ze de inhoud van de vaten vaststellen." Ton van den Broecke bespreekt nog even iets met de agenten Mark en Sven.

Dan draait hij zich om en kijkt de clubleden en Maya aan. „Kom op, jullie rijden met mij mee naar IJmuiden, hier zijn wij niet langer nodig. Ik heb inmiddels ook gehoord dat er kantoorruimte georganiseerd zal worden. Vlak bij de Morgenster."

Met gebogen hoofden stappen de clubleden in het politiebusje, dat langzaam de camping afrijdt.

Op de Zeeweg aangekomen schakelt de chauffeur de zwaailichten in en scheuren ze richting IJmuiden.

„Laat de moed niet zakken," probeert de rechercheur de clubleden op te beuren. „De Morgenster is nog lang niet in Somalië, hoor."

„Maar wat zullen ze met Maarten doen?" vraagt Suzan. „Als hem maar niets overkomt."

„Voorlopig kan ik alleen maar zeggen dat we onze beste mensen inschakelen," antwoordt Ton van den Broecke. „Het is belangrijk om met de ontvoerders te blijven praten. Dat kunnen we doen vanaf de kade. Dan zullen we gauw genoeg horen welke plannen ze hebben."

Met grote snelheid rijden ze IJmuiden binnen. Iedere weggebruiker maakt ruim baan als ze eraan komen.

Bij de vissershaven mindert de chauffeur van het busje gas. Felle schijnwerpers verlichten de haven.

De clubleden zien dat er overal politiemensen zijn. „Hé, er staan een paar ziekenauto's," roept Kees uit. „Wat betekent dat?"

"We moeten met alles rekening houden," antwoordt Ton van den Broecke. "Het is altijd goed om overal op voorbereid te zijn."

"Daar ligt de Morgenster," wijst Kees. "Die ligt inderdaad midden in de haven voor anker. Lijkt me niet makkelijk om daar bij te komen."

"Vooralsnog hebben we geen plannen om ze aan te vallen, hoor," zegt de rechercheur. "Eerst praten en als dat niet lukt, zien we wel wat we kunnen doen."

"En niet kunnen doen," vult Suzan kwaad aan. "Maarten mag niet in gevaar komen. Punt uit!"

"Dat, jongedame, vindt de politie ook," antwoordt de rechercheur rustig. "Kijk, daar is ons kantoor." Hij wijst naar een gebouw waarin vooral op de eerste verdieping veel activiteit te zien is.

Het bericht van de ontvoering is blijkbaar al bij meer mensen bekend geworden. Drommen nieuwsgierigen blokkeren namelijk de toegang. Politiemensen proberen de menigte op afstand te houden.

Als de clubleden uit de auto stappen, vormt de politie een kordon, waardoor ze het kantoor in kunnen.

"Bah," zegt Maya. "Sensatiezoekers."

Snel sluit een rechercheur de deur achter hen.

Op de eerste verdieping van het gebouw is het noodkantoor ingericht.

Politiefunctionarissen zitten achter bureaus, telefoneren en bespreken de situatie met elkaar.

Een paar mensen staan over gedetailleerde kaarten van IJmuiden gebogen.

„Hé, Jerry," zegt Ton van den Broecke tegen een van hen. „Mag ik je even voorstellen aan de... jullie zijn toch de Greenpeace-club, hè?"

Er wordt geknikt, alleen Maya antwoordt met: „Nee, maar ik hoor wel bij hen."

De man die met Jerry werd aangesproken, geeft hen een stevige hand. „Kom even met me mee," zegt hij. „Ik wil jullie wat laten zien."

In een klein zijvertrek nodigt hij de clubleden uit aan een grote tafel te gaan zitten.

„Ik heb vernomen dat jullie een paar van de ontvoerders hebben gezien. Hier heb ik een boek met foto's van criminelen. Bekijk ze eens rustig. Misschien zitten ze erbij. Dan weten wij met welke mensen we te maken hebben."

Aandachtig en geconcentreerd bekijken de clubleden alle gezichten uit het fotoboek. Het zijn er honderden.

Vooral Erik en Wim moeten goed kijken, omdat zij die middag in het café in IJmuiden de twee mannen het best hebben gezien.

Als ze talloze foto's onder ogen hebben gehad, beginnen ze de moed te verliezen. Ze herkennen niemand.

„Nog even doorgaan," dringt Jerry aan. „Geef de moed niet op."

Bladzijde voor bladzijde slaan ze om.

„Hé, wacht eens," roept Wim plotseling. „Kijk, deze foto." Hij wijst op een foto van een man met een snor. „Je moet de snor wegdenken," voegt hij eraan toe. Met zijn vinger probeert hij de snor te bedekken.

„Verrek, je hebt gelijk," zegt Erik. „Dat is Sjaak. Ja hoor, duidelijk."

Wim knikt heftig. „Het kan niet anders. Dit is de kerel die Sjaak heet. Tenminste, zo werd hij genoemd door de ander," zegt hij.

„Hmmm," mompelt Jerry. „Ene Sjaak de Looy. Beslist geen onbekende van de politie. We gaan even informeren."

Haastig loopt hij de kamer uit. Hij stapt op een van de rechercheurs af en neemt fluisterend de zaak met hem door.

Nieuwsgierig kijken de clubleden toe.

Een ogenblik later komt er een man met een groot dienblad aanlopen. „Hier hebben jullie koffie en broodjes," zegt hij tegen hen. „Wij zijn bezig de antecedenten van dat heerschap na te trekken. Dat zal even tijd kosten. Eet smakelijk in de tussentijd."

Nu pas merken de clubleden dat ze inderdaad honger hebben.

Terwijl ze hun broodjes opeten, praten ze met elkaar over de situatie waar ze in verzeild zijn geraakt. Iedereen beseft dat ze nu zelf ook een soort slachtoffer zijn geworden. Hoewel Maarten letterlijk gevangen wordt gehouden, zijn zij het min of meer ook.

De politie zal hen pas laten gaan als de clubleden alle informatie hebben gegeven, die de rechercheurs denken nodig te hebben. Zelfs daarna zal de politie hen waarschijnlijk voor hun eigen veiligheid in de gaten blijven houden.

Zwijgend staren Roy en Suzan door de ramen naar het gekrioel beneden hen.

In de menigte zien ze enkele cameramensen en journalisten met bandrecorders lopen. Uit een auto stappen een man en een vrouw, die door een haag van politiemensen naar het kantoor worden geloodst.

"Dat zijn de ouders van Maarten," roept Suzan uit. Onmiddellijk loopt ze naar de deur om hen te begroeten.

De andere clubleden zijn ook bij het raam komen staan. Ze zien hoe de journalisten vergeefs een poging doen de ouders van Maarten te interviewen. Camera's worden op hen gericht.

"Wat een toestand, wat een toestand," zucht Maartens moeder als ze binnen zijn.

In de ogen van de vader van Maarten ligt een doffe blik.

Het blijkt dat de ouders van Maarten al aardig op de hoogte zijn van alle gebeurtenissen, zodat de clubleden maar heel beknopt hoeven te vertellen wat ze hebben meegemaakt.

"Jongens, jongens," zegt Maartens vader, terwijl hij zijn hoofd schudt, "je ziet dit soort dingen weleens op televisie, maar dat het je eigen zoon overkomt, dat komt alleen in je nachtmerries voor."

De clubleden knikken. Ze kijken Maartens ouders somber aan.

"Hé, meneer Jerry," roepen Roy en Kees opeens tegelijk, "weet u al wie Sjaak de Looy is?"

"We kregen de gegevens net binnen," antwoordt hij. "De Looy heeft een lang strafblad. Diverse roofovervallen en handel in drugs. Nog niet zo lang geleden is hij uit de gevangenis ontslagen. Blijkbaar verdient hij nu zijn geld met handel in afval."

"We hebben zojuist ook informatie ontvangen van het laboratorium. Het gaat over de inhoud van de vaten uit de loods," mengt Ton van den Broecke zich in het gesprek.

De ouders van Maarten en de clubleden kijken hem met een angstige blik in hun ogen aan.

„Ik neem aan," zegt Maartens vader, „dat het chemisch afval is?"

„Dat dachten wij ook," antwoordt de rechercheur. „Maar het is geen afval. In de vaten zitten moderne wapens, handgranaten en munitie. Het bevestigt het verhaal van John Adelaar van Greenpeace. Waarschijnlijk is het een ruilhandeltje: wapens tegen de toestemming om afval te dumpen."

„Dan zal het wel niet zo makkelijk op te lossen zijn," veronderstelt Maartens vader.

„Dat klopt. Het is nogal gecompliceerd aan het worden. Straks hebben we dan ook een overlegronde," antwoordt Ton van den Broecke.

Hij kijkt opeens heel donker. Het is kennelijk iets waar hij weinig zin in heeft.

„We moeten overleggen met onze collega's uit IJmuiden, met de mensen van de afdeling Zware Delicten, met enige gijzelingsexperts en uiteraard met jullie en met u," legt hij uit aan het groepje mensen voor hem dat hem gespannen aanhoort. „Daarna zullen we proberen contact op te nemen met de gijzelaars. We moeten geduld hebben, want helaas hebben zij de troeven in handen." Ton van den Broecke wijst in de richting van de Morgenster.

„Geduld, altijd maar geduld," moppert Suzan. „Maarten zit gevangen. Wie weet wat die rotzakken allemaal met hem doen."

Opeens ontstaat er grote beroering in het crisiscentrum.

„We hebben nu contact met de ontvoerders," fluistert een

politieman hen toe.

De clubleden schrikken.

De ouders van Maarten worden nog zenuwachtiger dan ze al zijn.

## HOOFDSTUK 7

*Daar heb je het rotkreng!*

„Help, help!" schreeuwt Maarten.

De angst staat in zijn ogen te lezen. Vertwijfeld ziet hij hoe zijn vrienden vluchten voor de gangsters. Zijn hulpgeroep wordt gesmoord door een hand, die Sjaak op zijn mond legt.

„Kop houden," bijt de man hem toe. „En meekomen." Terwijl hij Maarten in een stevige houdgreep heeft, sleurt hij hem weg van de loods, verder de duinen in. Daar staat een blauwe personenauto. Hier blijft Sjaak staan en kijkt even om zich heen.

Maarten denkt snel na. Hij merkt dat de aandacht van Sjaak even verslapt. Nu kan hij proberen te vluchten.

Wild schopt hij naar de benen van Sjaak.

Voor een ogenblik is deze verrast door de kracht waarmee Maarten tekeergaat en bijna glipt de jongen uit zijn armen.

Haastig grijpt de gangster naar zijn jaszak en trekt daaruit een pistool. „Je houdt je koest of ik schiet je overhoop," snauwt hij tegen Maarten.

Op dat moment komen ook de drie andere kerels weer tevoorschijn.

Maarten beseft dat hij tegen zo'n overmacht niets kan beginnen. Snikkend geeft hij zijn verweer op. Slap en uitgeput hangt hij in de armen van Sjaak.

„Wat zullen we doen, Sjaak?" vraagt een van de gangsters. „Wat moeten we met die knul?"

„En met de vaten?" vraagt een ander. „Moeten we die niet

nog weghalen? En wat doen we met zijn vrienden? Ook meenemen?"

„Rustig, rustig," antwoordt Sjaak. „Even nadenken."

Afwachtend zwijgen de andere drie.

„Ja, ik weet het," zegt Sjaak ineens met grote stelligheid. „We gaan zo snel mogelijk terug naar de Morgenster. Je kunt er donder op zeggen dat de vrienden van dit jochie meteen de politie bellen. Binnen de kortste keren is het hier vergeven van de politie. Als we snel zijn, kunnen we hopelijk zonder problemen aan boord van het schip komen. Daar moeten we dan maar eens gaan praten wat we verder gaan doen. Vooruit, wegwezen, voor het te laat is."

Ruw wordt Maarten op de achterbank van de auto gedrukt. Links en rechts van hem gaan gangsters zitten. Sjaak en de vierde man gaan voorin zitten. Met spinnende wielen rijdt de auto over het brede bospad weg.

„We pakken eerst het weggetje dat achter de zeeduinen langs loopt. Dan komen we zo op de weg naar Bakkum," zegt Sjaak, die achter het stuur zit. „Als we daarna de snelweg weten te bereiken, hebben we een grote kans om ongezien in IJmuiden te komen. En bij eventuele problemen onderweg hebben we altijd hèm nog." Sjaak wijst met zijn duim naar achteren, naar Maarten. „Hij zal dan ons paspoort zijn."

De woorden glijden langs Maarten heen. Ze dringen niet echt tot hem door. Met holle ogen kijkt hij naar de bomen die voorbijsuizen.

Het duurt niet lang of de auto rijdt met een flinke snelheid over de snelweg naar het zuiden. De vier mannen zwijgen. De man naast Sjaak kijkt voortdurend om zich heen.

Nadat ze door de Velsertunnel zijn gegaan, rijden ze een minuut of tien later in de haven van IJmuiden. Sjaak slaat bij een van de kades rechtsaf. Aan het eind van de kade ligt de Morgenster.

Even krijgt Maarten weer hoop. Misschien zijn er wel vissers of havenarbeiders in de buurt. Dan zal hij gaan schreeuwen om hun aandacht te trekken. Zijn hoop verdwijnt echter al snel. Hij ziet dat door de plenzende regen de kade er verlaten en naargeestig bij ligt.

Sjaak stopt vlak voor de loopplank van de Morgenster. „Ik waarschuw je," zegt hij tegen Maarten. „Ik hou mijn pistool op je gericht. Dus geen geintjes. Je loopt rustig met ons mee het schip op. Begrepen?"

Maarten knikt. Met twee gangsters voor hem en twee achter hem, hinkt hij aan boord. Hardhandig wordt hij de messroom binnen geduwd.

„Roep de kapitein," gebiedt Sjaak een van de bemanningsleden. „We hebben een probleem op te lossen."

Even later ziet Maarten een dikke man binnenkomen. Hij merkt aan de manier waarop de anderen naar hem kijken, dat dit de kapitein moet zijn.

Sjaak vertelt hem wat er is gebeurd.

„Hm," bromt de kapitein ten slotte. „Beneden in het ruim hebben we nog een hut over. Daar kan hij voorlopig bivakkeren." Hij draait zich om naar Maarten. „Zo, knul," zegt hij niet onvriendelijk tegen hem. „Ik denk dat je jezelf behoorlijk in de nesten hebt gewerkt. Waarom bemoei je je ook met zaken die je niets aangaan?" Hij kijkt Maarten doordringend aan. „Maar goed, zolang je hier aan boord van mijn schip bent, zal niemand je een haar krenken. Niemand, Sjaak," herhaalt hij dreigend, terwijl hij zich weer omdraait.

De kapitein pakt een stoel en zet zijn linkervoet op de zitting. Zijn blik blijft op Sjaak gericht. „Het lijkt mij het beste als we die jongen naar dat huis op de camping laten bellen. Dan weet de politie tenminste dat ze geen streken met ons kunnen uithalen. Voor alle zekerheid zal ik de boot een eindje van de kant schuiven. Voor de zekerheid, weet je wel. En als ik jou was, zou ik Feliciano bellen en hem van de stand van zaken op de hoogte brengen. Hij is de baas en niet ik. Ik denk dat je wel snel moet zijn, want als die politiejongens in de gaten hebben dat jullie hier zitten, wordt de telefoon aan boord vast en zeker afgeluisterd."

„Nou en?" zegt Sjaak onverschillig. „Het feit dat wij dit kereltje aan boord hebben, hoeft helemaal niet geheim te blijven. Het jochie zou weleens onze vrijgeleide kunnen zijn. Een middel om ongehinderd de haven te verlaten en weg te varen."

Tijdens het gesprek kijkt Maarten angstig van de een naar de ander. De mededeling van de kapitein dat hem in ieder geval aan boord niets zal overkomen, heeft hem gerustgesteld. Hij is alleen nieuwsgierig naar de bestemming van het schip. „Waar brengen jullie me heen?"

„Dat gaat je geen bal aan," antwoordt Sjaak, „maar het ligt in Afrika."

„In Afrika?" roept Maarten onthutst uit.

„Ja," antwoordt de kapitein. „Ik hoop voor jou dat je tegen een zeereis kunt, want het wordt een hele lange. Wel, heren, aan de slag," zegt hij tegen de anderen. „Ik ga naar de stuurhut. Ik hoor straks wel wat de plannen van Feliciano zijn.

Breng jij de jongen naar zijn hut," beveelt hij een van de aanwezige bemanningsleden. „En denk eraan, goed behandelen. Anders vallen er klappen."

In het crisiscentrum op de kade van de haven wordt gewerkt en nagedacht. Urenlang is er overleg gevoerd over de eisen van de bende van Waste Control. Morgenochtend om 10.00 uur moeten de vaten met wapens en munitie op de kade staan om door kraandrijvers aan boord van de Morgenster te worden gehesen. De bende eist verder een vrije doorgang naar open zee. In ruil hiervoor beloven ze dat Maarten niets zal overkomen, maar pas in Somalië zullen de gangsters hem weer vrijlaten.

Ook Maarten hebben ze gesproken. Tot opluchting van zijn ouders, zijn vrienden en de andere aanwezigen vertelde hij dat hij goed behandeld werd. Hij drong er verder op aan om op de eisen van Waste Control in te gaan. Ze zouden hem anders niet meer levend terugzien. Terwijl hij dit zei, kon iedereen horen hoe hij zacht huilde.

Het is duidelijk dat een levende Maarten voor de gangsters de enige mogelijkheid is om weg te komen. Maar wat voor kans heeft Maarten om Somalië levend te verlaten? Een vrijgelaten Maarten blijft altijd een gevaar voor de gangsters, want hij kent nu hun gezichten.

Over de mogelijkheid dat Maarten zal eindigen als slachtoffer van de gangsters, wordt niet openlijk gesproken, maar iedereen is er zich van bewust.

Voor het crisisteam is op dit moment de belangrijkste vraag hoe ver de politie, de kustwacht en eventueel de marine, de

Morgenster zullen laten gaan. Tot voorbij de grens van de Nederlandse territoriale wateren?

Of misschien tot diep in de nacht? In het donker en op volle zee zou het anti-terreurteam, bestaande uit commando's, een poging kunnen doen Maarten te bevrijden.

Na overleg met alle betrokkenen, wordt voor de laatste mogelijkheid gekozen. Meteen begint men met het uitwerken van het plan en een aantal uren later begint de operatie voor iedereen vorm te krijgen. Hoe beter de voorbereiding, hoe groter de kans dat het plan zal slagen.

Aan boord van de Solo loopt iedereen met ernstige gezichten rond.

In de grote machinekamer zijn Mieke en David met bezwete gezichten aan het werk. Nu de Solo op volle kracht terugvaart naar IJmuiden, is het hun taak de bijna op maximum vermogen draaiende motoren in de gaten te houden.

In de gezellige messroom bespreken Tony, de cameraman, en Harald, de actievoerder, de situatie met enkele andere bemanningsleden.

Zoals op alle schepen van Greenpeace, vaart de Solo met een internationale bemanning. Daardoor worden er diverse talen aan boord gesproken, maar Engels is de voertaal. In tijden van nood echter, zoeken de landgenoten elkaar toch op om in hun eigen taal van gedachten te wisselen.

Boven in de stuurhut staat Harrent Barra zwijgend aan het stuurwiel. Naast hem zitten Siebe en Gijs door de grote ramen naar buiten te turen, naar de eindeloos rollende golven van de Noordzee.

„Wat is de snelheid, Harrent?" vraagt Gijs.

„Twaalf knopen," antwoordt de Fries. „Ik schat dat we over een uur of vijf in IJmuiden arriveren."

„Ongelooflijk," zucht Siebe. „Wat ben ik stom geweest. Toen we door hadden met wie Maarten en zijn vrienden te maken hadden, hadden we moeten ingrijpen. Ik had ze desnoods naar huis moeten sturen."

„Ach kom, Siebe," antwoordt Harrent. „Hoe hadden wij nou kunnen vermoeden dat de vaten uit die bunker uitgerekend op de camping zouden worden verstopt? Zoiets hou je toch niet voor mogelijk?"

„Dat vind ik ook," antwoordt Gijs. „Je moet jezelf geen verwijten gaan maken, Siebe. Daar schiet je niets mee op en het lost evenmin iets op. Hé, we zullen ze laten zien dat de Solo niet voor niets de waakhond van de Noordzee wordt genoemd." Vriendschappelijk slaat Gijs een arm over de schouders van Siebe.

Geheel gerustgesteld is Siebe echter niet. „Als we Maarten maar weer heelhuids terugkrijgen," zegt hij dof. Onwillekeurig denkt hij terug aan thuis. Hoe hij vroeger Maarten altijd op sleeptouw nam. „Misschien wel te veel," mompelt hij. Het was hem de laatste tijd opgevallen dat zijn broer tegenover anderen nogal over hem opschepte. Het leek erop dat Maarten op die manier probeerde zichzelf belangrijker te maken. Hij moet er toch eens met hem over praten. Peinzend staart hij in de verte. Hoe zouden zijn ouders zich in deze uren houden?

„Hé, Marco, nog nieuws?" brult Harrent naar achteren, naar de radiohut.

„De vrienden van Maarten zijn in het noodkantoor aangekomen," roept de marconist terug. „Je ouders zijn ook net gearriveerd, Siebe. Zodra er wat meer bekend is, belt de politie op. Je ouders willen je straks ook even spreken. De Morgenster ligt een eindje van de kant voor anker in de haven. Ik blijf op mijn post."

„Als de politie weer contact opneemt, wil ik met hen praten," roept Harrent terug. „Ik denk dat we wel wat kunnen doen met de Solo."

Eentonig stampen de motoren van de Solo door.

In het crisiscentrum is de avond al ver gevorderd. Terwijl buiten de regen tegen de ruiten klettert, branden binnen de lichten en wordt er nog steeds druk gewerkt aan het plan om Maarten te bevrijden.

Veel van de nieuwsgierigen die buiten hebben staan wachten, zijn door het slechte weer naar huis verdreven. Een aantal journalisten van kranten, radio en televisie zijn gebleven. In een kleine loods verderop wachten ze op wat er komen gaat.

De leider van het commandoteam, overste De Jong, is een lange, pezige man met een gladgeschoren gezicht en een kalend hoofd. Met enige collega's en politiefunctionarissen, onder wie Ton van den Broecke, bestudeert hij de indeling van het schip. De mannen proberen de indeling zo goed mogelijk in hun hoofd te prenten. Ze doen dit met behulp van de bouwtekeningen van het schip, die de politie bij de werf waar de Morgenster enige jaren geleden is verbouwd, heeft weten te bemachtigen.

Aan de hand van de plaats waar de hutten zijn, wordt

geprobeerd te bedenken waar Maarten zou kunnen worden vastgehouden. De hut van de kapitein en die van de stuurlieden en machinisten vallen in ieder geval af.

„Volgens mij moet het een van de drie hutten in het ruim zijn," merkt de leider van de commando's op. „Die hutten liggen nogal geïsoleerd. Een ideale plaats om iemand op te sluiten."

„Maar het zal ook moeilijk zijn om daar ongemerkt in door te dringen," merkt Ton van den Broecke op.

„Moeilijk, maar niet onmogelijk," reageert De Jong. „We kunnen ervan uitgaan dat ten tijde van de actie de meeste bemanningsleden in hun kooien liggen. Als wij aan boord gaan, moet dat achter op het schip gebeuren. Zo ver mogelijk van de stuurhut vandaan, maar toch dicht bij de trap die naar het ruim leidt. Hier dus," wijst hij op de tekening aan.

Er wordt instemmend gemompeld.

„Als er tenminste geen wacht is uitgezet," zegt een van de commando's.

„Als dat zo is, merken we dat vanzelf wel," antwoordt De Jong. „Die moet dan uitgeschakeld worden."

Ademloos luisteren de Greenpeace-clubleden mee. Het is niet de eerste keer dat ze betrokken zijn geweest bij de voorbereidingen van acties. De vorige keren ging het echter om acties die vanaf de Sirius en de Rainbow Warrior werden ondernomen, en toen stond niet het leven van een van hun vrienden op het spel.

„Wanneer verwacht men de aankomst van de Solo in IJmuiden?" vraagt De Jong aan John Adelaar.

„Over een uur of drie, vier," antwoordt deze. „Het lijkt mij trouwens beter dat het Greenpeace-schip buitengaats blijft," vervolgt John. „Als de bende het schip ziet, zou de boel weleens kunnen escaleren. Ik bedoel, ze zouden in paniek kunnen raken," verduidelijkt hij.

„En hoe is de uitrusting en accommodatie op de Solo?" wil De Jong weten.

John geeft, soms aangevuld door een van de clubleden die rondom de tafel staan, een beschrijving van het schip.

De leider van de commando's luistert aandachtig. Soms knikt hij goedkeurend. Vooral de aanwezigheid van het heliplatform lijkt hij belangrijk te vinden. Over de aanwezigheid van enkele snelle rubberboten is hij zichtbaar tevreden. „Heel mooi. Daar kan de kustwacht niet tegenop," merkt hij op. „Het inroepen van de hulp van marine-schepen is te gewaagd. Die lui van de Morgenster zouden dat weleens verkeerd kunnen uitleggen, met alle gevolgen van dien."

Er valt een stilte aan de vergadertafel. Instemmend kijkt men elkaar aan.

„Heren," neemt de leider van de commando's opnieuw het woord, „ik denk dat wij ons logistieke probleem hebben opgelost. Volgens mij is de Solo heel geschikt om als uitvalsbasis te dienen."

„Dat wilde ik ook al zeggen," reageert Kees eigenwijs. „Als de Solo toch op zee blijft, hoeft u voor uw team geen ander schip te gebruiken, want uw mannen hoeven alleen maar overgevlogen te worden."

Bewonderend knikt de man Kees toe. „Goed gezien, eh... hoe heet je ook alweer?"

„Kees, meneer."

„Ik zal je naam onthouden, jongen."

Jaloers kijkt Wim naar Kees. Dat hij dat nou niet heeft bedacht.

„Ach, weet u," roept Suzan. „Kees en Roy zijn ònze commandoleiders."

De ontwapenende vanzelfsprekendheid waarmee dit gezegd wordt, brengt iedereen aan het lachen. Ondanks de ernst van de situatie, is de spanning even weggevallen.

Niet voor lang, want er moet veel geregeld worden. De Solo moet gebeld worden over de te volgen strategie en aan de kapitein moet toestemming gevraagd worden om het commandoteam te laten overvliegen. Er zal ook gevraagd worden of de ouders van Maarten, enkele hoge politiefunctionarissen en... de clubleden mee kunnen.

Dat is hun beloning voor de grote bijdrage die ze hebben geleverd bij het oplossen van de puzzel die Waste Control heet.

Maya besluit niet mee te gaan. Zij wil zo snel mogelijk terug naar de boswachterswoning, omdat haar ouders thuis kunnen komen.

Maarten ligt onrustig te woelen in zijn kooi. Hij kan niet in slaap komen. Telkens moet hij denken aan zijn vrienden en familieleden. En aan zijn eigen toekomst. Hoe kom ik hieruit?

Honderden keren stelt hij zichzelf deze vraag. Maar een antwoord geven kan hij niet. Hij weet het eenvoudigweg niet.

In de messroom van de Morgenster zitten de bendeleden te eten en te drinken. De kapitein schudt meewarig zijn hoofd.

„Dus zo wil Feliciano het hebben?" vraagt hij nogmaals aan Sjaak. „Een andere manier is er niet?"

„Nee," zegt Sjaak, zonder een spoor van twijfel. „Zo wil Feliciano het hebben. Als we in de kustwateren van Somalië aankomen, gaat de jongen overboord. Hij kan een gevaarlijke getuige zijn. Dat risico willen de heren niet lopen, begrijp je?"

Onder zich zien de clubleden de lichtjes op de wegen, industrieterreinen en in de huizen voorbijglijden. Op een gegeven moment komen ze boven de Noordzee aan. Daar heerst een intense duisternis. Hier en daar wijst een flauw lichtje op de aanwezigheid van een schip. Door de vochtige lucht is het zicht niet veel meer dan vijf- à zeshonderd meter.

De clubleden zitten met de ouders van Maarten en enkele politiemensen in een grote patrouillehelikopter van de kustwacht. Achter hen vliegt een politiehelikopter met aan boord het voltallige commandoteam.

Met de grootst mogelijke omzichtigheid zijn ze vanuit het hoofdkantoor vertrokken naar een nabijgelegen sportcomplex, waar op een voetbalveld de helikopters gereedstonden.

Geheimhouding van het vertrek was absoluut noodzakelijk, omdat de bende op de Morgenster op geen enkele wijze achter de bedoelingen van de politie mocht komen. Daarom ook zijn de journalisten niet ingelicht en is de helikopter met een grote boog om IJmuiden heen gevlogen.

John Adelaar is achtergebleven in het crisiscentrum. Hij zal er met de rest van de politiemensen voor zorgen dat de vaten met oorlogsmateriaal de volgende ochtend om 10.00 uur aan boord van de Morgenster worden gehesen.

Zodra het smokkelschip vertrekt, zal de Solo meteen de achtervolging inzetten. Ze zal het schip op grote afstand blijven volgen, want het moet lijken alsof de eisen van de gijzelaars volledig worden ingewilligd.

Knikkebollend turen de clubleden uit de raampjes van de helikopter het donker in. Ondanks de spanning en hun angst voor de veiligheid van Maarten, doet de vermoeidheid zich voelen.

Traag tikken de minuten voorbij.

Ondanks zijn slaap kijkt Kees met argusogen naar de kompasroos in de cockpit. Hij heeft de piloot tekst en uitleg gevraagd over de werking van het helikopterbaken aan boord van de Solo.

Reeds bij het begin van hun vlucht zond de Solo via een zender in de mast een herkenningsteken uit in morseseinen. ... ___ . _ .. Dat betekent S.O.L., had de piloot hem verteld. „Het is exclusief voor de Solo en daarmee kunnen wij op elkaars golflengte komen. Als dat is gebeurd, zendt de Solo een lang signaal uit. Een hele lange streep," verduidelijkt de piloot. „Onze kompasroos is de ontvanger en vertaalt het opgevangen signaal in de juiste richting."

Kees ziet op de 360-gradenboog van de kompasroos een groen verlicht streepje opflikkeren, dat aanwijst in welke richting ze moeten vliegen. Hoe dichter de helikopter de Solo nadert, hoe duidelijker en nauwkeuriger het signaal wordt.

„De Solo is ongeveer tien zeemijl uit de kust van Den Helder, in Nederlandse wateren," besluit de piloot zijn betoog.

„Daar," roept Roy plotseling. „Kijk daar! Dat moet de Solo zijn!"

Omdat de helikopters het schip voortdurend op hun navigatiesysteem hebben, zijn ze bij de nadering van het schip al laag gaan vliegen. Het Greenpeace-actieschip ligt er fel verlicht bij. Het heliplatform is duidelijk te zien.

De eerste helikopter begint langzaam de landing in te zetten. Op het vliegdek geeft een bemanningslid aanwijzingen.

Zonder problemen manoeuvreert de helikopter recht boven het vliegdek en laat zich langzaam zakken, totdat de wielen het netwerk van het platform raken en zich stevig vastzetten.

Onder de draaiende wieken rent het bemanningslid in gebogen houding door de hevige wind naar de helikopter toe en opent de portieren.

„Welkom aan boord," begroet hij de passagiers. „Volgt u mij maar."

Snel worden ze van het platform naar beneden geleid.

Zodra de piloot weer is opgestegen, volgt de landing van de tweede helikopter. Deze zal aan boord van de Solo blijven om tijdens de actie eventueel te assisteren.

Even later bevindt iedereen zich in de behaaglijke warmte van de messroom.

Terwijl er koffie en thee wordt ingeschonken, geeft Harrent iedereen een hand.

Siebe omhelst zijn ouders. „Fijn dat jullie er zijn," zegt hij ontroerd.

Er wordt verder niet veel gesproken, omdat morgennacht de bevrijdingsactie pas zal plaatsvinden. Nu verlangt iedereen naar een bed. De motoren van de Solo krijgen ook rust. Pas de volgende ochtend moet het Greenpeace-schip paraat zijn.

De volgende ochtend is de messroom van de Solo het commandocentrum van de komende actie. Harrent, Gijs en Siebe nemen met het anti-terreurteam en de politiemensen uitvoerig de plannen door. De clubleden en de ouders van Maarten proberen zoveel mogelijk mee te luisteren. Maar de spanning is te groot. Nerveus lopen ze rond op de Solo.

„Hoe laat denkt u met de actie te beginnen?" vraagt Harrent aan commandoleider De Jong.

„Precies om drie uur vannacht. Wij gaan ervan uit dat de meeste bemanningsleden van de Morgenster op dat tijdstip in hun kooien liggen. De weersverwachting is gunstig."

„Ja," bevestigt Siebe. „Men verwacht weinig wind en een lichte motregen, dus bewolkt. Bovendien is het nieuwe maan. De donkere nacht werkt in ieder geval in ons voordeel."

„We blijven ongeveer op drie mijl afstand van de Morgenster," zegt Gijs. „Zo hebben we het schip de hele tijd op onze radar."

„Zijn jullie niet bang dat ze op de Morgenster in de gaten krijgen dat ze worden gevolgd?" vraagt Roy. „Ze hebben tenslotte ook radar."

Harrent schudt zijn hoofd. „Het is een druk bevaren stuk zee," antwoordt hij. „Zelfs al zouden ze ons op de radar zien, dan hebben ze ons nog niet. Ze moeten wel van heel goeden huize komen, willen ze in de gaten hebben dat ze worden achtervolgd."

„Ik denk dat we een van de kleinere rubberboten voor de actie inzetten. Een van ons zal de zodiac varen," zegt Harald tegen De Jong.

„Uitstekend. Ik neem twee van mijn teamleden mee. Met

ons drieën klimmen we aan boord van de Morgenster. Drie man zullen makkelijker ongezien aan boord kunnen komen dan een wat grotere groep. Als alles meezit, hebben ze pas morgen in de gaten dat ze hun gevangene missen," zegt de commandoleider.

„Goed, nou, alles lijkt geregeld," zucht Siebe. „Over een uur zijn we bij IJmuiden."

Vervolgens bespreken de bemanningsleden van de Solo hun werkindeling. Siebe staat erop dat hij de zodiac vaart.

Harald en Gijs keuren zijn idee af, omdat Siebe niet alleen te veel emotioneel bij de zaak betrokken is, maar ook vanwege de risico's van de actie. Als het fout zou gaan, lopen de ouders van Maarten het risico een dubbel verlies te moeten incasseren.

Harald stelt daarom voor dat hij de gevaarlijke klus op zich neemt.

Intussen zijn Gijs, Harrent en de politiemensen naar de radiohut van Marco gegaan. Daar wachten ze op verder nieuws vanuit IJmuiden.

Ongeveer een half uur later rinkelt de telefoon.

Harrent neemt op. „Met Barra," zegt de Fries rustig. „Het is John," geeft hij snel door. „Ja, ik heb het begrepen. De vaten zijn nu aan boord. Het schip vertrekt. Oké, wij zijn in de buurt. Ja, bedankt. En jullie ook veel sterkte."

„Wel," zegt hij tot de aanwezigen in de radiohut. „Alles verloopt volgens plan. De Morgenster is onderweg. Het spel is begonnen, helaas."

In één klap verandert de stemming aan boord. De tijd van afwachten is voorbij. Nu komt het erop aan. De Morgenster

113

mag onder geen enkele voorwaarde uit het oog verloren worden.

Met een verrekijker spiedt Gijs de Noordhollandse kustlijn af. In de verte ziet hij vaag de beide pieren van IJmuiden. Ook ziet hij vele andere schepen in de buurt. Die hebben voorlopig van de loodsdienst de opdracht gekregen buitengaats te blijven. Eerst moet de Morgenster eruit.

Plotseling roept hij uit: „Opgelet, daar heb je het rotkreng!"

## HOOFDSTUK 8

*Op de Morgenster*

Zodra de Morgenster voorbij de pieren van IJmuiden is, vaart het schip zuidwaarts. De kapitein heeft geweigerd een loods aan boord te nemen.

Daarvoor in de plaats is hij ermee akkoord gegaan dat twee schepen van de kustwacht zijn schip uit de haven begeleiden. Hij heeft echter geëist dat, als hij eenmaal buitengaats is, de kustwacht hem verder met rust laat en weer terugvaart.

Een paar mijl verderop bevindt zich de Solo. Het Greenpeace-schip heeft geen enkele moeite het smokkelschip bij te houden.

„Ik ben blij dat de actie eindelijk is begonnen," zegt Kees strijdlustig tegen zijn vrienden.

Hangend over de reling kijken ze hoe het Noordzeewater schuimend langs de boeg van de Solo stroomt.

„Ja," reageert Suzan, „ik kreeg het heen en weer van dat wachten."

„Laten we hopen dat die kerels van Waste Control ons niet in de gaten krijgen, want dan zal het met Maarten ook wel gauw afgelopen zijn."

„Ach," merkt Wim op, „we moeten gewoon ons hoofd koel houden."

„Het is pas 14.00 uur. Nog dertien uur wachten dus," besluit Kees het gesprek.

De Solo vaart inmiddels al ver uit de Nederlandse kust. Zo nu en dan zien ze in de verte andere schepen. Alleen niet de

Morgenster. Die is alleen te zien vanaf de stuurbrug, met een hele goede verrekijker.

Na het avondeten blijven de clubleden en de meeste bemanningsleden in de messroom zitten.

Mieke en Emmy houden hen gezelschap. Harald, Gijs, de leden van het commandoteam en de politiemensen nemen nog één keer de bevrijdingsplannen door. Ook Siebe en zijn ouders zijn erbij.

Tegen middernacht mengt Harrent zich in het gezelschap. „Het duurt niet lang meer voor we de rubberboot te water laten," zegt hij tegen het actieteam. „Het weer is gunstig. Kalme zee en weinig zicht. Dat is alvast meegenomen. Jullie zullen ongeveer een uurtje nodig hebben om langszij de Morgenster te komen."

Vragend kijkt hij Harald aan.

„Yes, of course. No problem," zegt de Duitser.

„Oké dan. Om 02.00 uur vertrekken jullie."

„Hé, Harrent, waar zijn we nu?" vraagt Kees.

„Ter hoogte van Oostende," antwoordt de kapitein. „Veertig mijl uit de Belgische kust. De Morgenster is niet bepaald een speedboot, dus we zitten nog redelijk dicht bij huis."

Even later verlaten Harald, overste De Jong en zijn twee commando's de messroom.

De laatste voorbereidingen worden getroffen.

Suzan kijkt herhaaldelijk zenuwachtig op haar horloge.

Als het twee uur is, staat ze op. „Het is zover. Komen jullie mee?"

Mieke staat al bij de deur van de messroom. „Kom, we gaan

aan dek."

Gespannen lopen de clubleden achter de machiniste aan. Siebe loopt met zijn vader en moeder vlak voor hen.

Op het benedendek van de Solo is iedereen aanwezig. Tony heeft zijn camera op de schouder en filmt alles. Alleen David en Gijs zijn achtergebleven. Gijs staat aan het stuurwiel en David is beneden in de machinekamer.

Aan bakboord heeft de hijskraan de rubberboot op het water gezet.

Harald zit er al in en start de buitenboordmotor. Hij is helemaal in het zwart gekleed. Glimlachend kijkt hij omhoog en steekt zijn duim op naar de clubleden.

„Liebe Freunde, wir werden es machen!" roept hij hen toe.

De Jong en zijn twee commando's moeten nu instappen. Net als Harald zijn ze in het zwart gekleed. Bovendien hebben ze hun gezichten met een soort smeer zwart gemaakt. Een van hen draagt een rol touw over zijn schouders, waar aan het uiteinde een grote, rubberen haak zit.

„Kijk," Roy stoot zijn vriend Kees aan. „Ze hebben wapens bij zich."

Harrent geeft de drie mannen een stevige handdruk. „Veel succes en sterkte," wenst hij hen toe.

Een voor een stappen de commando's over de reling en klimmen via een touwladder naar beneden.

Op het moment dat De Jong al een been over de reling heeft geslagen, draait hij zich nog even om naar de ouders van Maarten. „Wij zullen ons uiterste best doen uw zoon ongedeerd terug te brengen."

Maartens ouders kunnen alleen knikken, zo geëmotioneerd

en gespannen zijn ze.

Dan laat ook De Jong zich in de rubberboot zakken.

Harald maakt de touwen los, waarmee de rubberboot aan de Solo vastzit.

Onmiddellijk worden de touwen aan boord van de Solo gehesen.

Harald wendt de steven en met een licht gebrom van de buitenboordmotor vaart de rubberboot langzaam weg, de duisternis in.

In de rubberboot zitten de vier mannen zwijgzaam voor zich uit te turen.

Als een van de beste zeelieden binnen Greenpeace, heeft Harald geen enkele moeite de richting te bepalen. Hij stuurt de zodiac rechtstreeks naar de Morgenster. Van tevoren is hun koers bepaald.

Met een matige snelheid varen ze over het licht golvende water van de Noordzee. Het regent zachtjes, waardoor hun gezichten gaan glimmen. Af en toe krijgen ze ook nog opspattend zeewater over zich heen.

„Daar, kijk daar," wijst een van de commando's. „Dat zullen de lichten van de Morgenster zijn."

Meteen neemt Harald gas terug. Hij wil het geluid van de motor zoveel mogelijk beperken.

Niet ver bij hen vandaan doemen de grijze contouren van een groot schip op. Steeds dichter naderen ze het schip. Ze herkennen de Morgenster meteen. De patrijspoorten aan stuurboordzijde zijn niet verlicht. In een grote boog varen ze achter het schip langs om de andere zijde te inspecteren. Ook daar is alles donker. Het enige licht dat brandt, is in en op de stuurhut boven hen, en op de hoge masten.

„We enteren het schip aan bakboordzijde," fluistert De Jong. „Daar, aan de achterkant."

Harald stuurt de zodiac in de gewenste richting. Hij weet dat het doffe motorgeronk van het vrachtschip het geluid van de rubberboot overstemt.

De commando met het touw rolt dit langzaam uit. Als ze langszij liggen, gooit hij met een flinke zwaai de haak omhoog. De haak blijft niet aan de reling hangen. Hij probeert het nog een keer en dan nog eens. Ineens blijft de rubberen haak zitten. Vlug trekt hij aan het touw zodat het gespannen staat.

„Het is vijf voor drie," fluistert De Jong tegen Harald. „Als we over een half uur nog niet terug zijn, vaar je zo snel mogelijk terug naar de Solo. Want dan hebben we het niet gehaald. Oké?"

„Right. Good luck, guys. Good luck."

Soepel klimmen de drie commando's razendsnel omhoog.

Achter elkaar laten ze zich atletisch over de reling zakken, dan staan ze op het dek.

Met een handgebaar geeft De Jong aan waar een van de commando's op wacht moet gaan staan.

In gebukte houding rent deze naar een donkere hoek in de opbouw toe en drukt zich met getrokken pistool dicht tegen de stalen wand aan. Hij staat vlak bij een trap die naar het bovendek leidt.

De andere twee sluipen hem voorbij, passeren de trap en drukken heel voorzichtig een klink van een stalen deur naar beneden. Op slot.

Ze gaan verder. Met zijn hand gebaart De Jong naar een deur verderop. Langzaam beweegt hij de deurkruk naar beneden. Met een zachte klik gaat deze deur open. Terwijl hij naar binnen stapt, kijkt hij snel wat er zich achter de deur bevindt.

De andere commando volgt hem op de voet.

Ze staan nu in een lange, smalle gang met diverse hutten aan weerszijden. Een spaarzaam brandende lamp aan het plafond geeft net genoeg licht om alles te kunnen zien. In het midden van de gang zien ze twee trappen tegenover elkaar. Een gaat er omhoog, de ander leidt naar beneden. Geruisloos maar snel lopen ze de trap af, totdat ze weer in een gang komen. De trap aan het eind van deze gang loopt naar beneden.

De twee commando's sluipen ook die trap af. Hier is het aardedonker.

De Jong knipt een kleine zaklantaarn aan. In de smalle lichtbundel zien ze een kleine hal met drie hutten. Ze weten dat ze zich nu in het ruim van de Morgenster bevinden.

Met een handige beweging haalt De Jong een ring uit zijn zak, waaraan allerlei vreemd gevormde sleutels hangen. De bos sleutels heeft veel weg van een vlechtwerk van ijzerdraad. Met zijn hoofd wijst hij een van de deuren aan.

De andere commando pakt de deurkruk en drukt die langzaam naar beneden. Licht knarsend zwaait de deur open. De lichtbundel van de zaklantaarn schijnt naar binnen. Uit een stapelbed in de hoek horen ze zacht gesnurk.

Voorzichtig sluiten ze de deur weer.

„Kom," fluister De Jong. „De volgende."

Met zijn hand geeft de commando aan dat de deur op slot zit. Heel langzaam steekt De Jong een van de sleutels in het slot. Hij haalt de sleutel heen en weer. Zonder succes. Hetzelfde doet hij met een tweede sleutel. Totdat een zachte klik klinkt.

Even kijken de mannen elkaar aan. Dan openen ze langzaam de deur en sluipen naar binnen. In een kooi zien ze iemand op zijn rug liggen. Uit de rustige ademhaling maken ze op dat de persoon slaapt. Het schijnsel van de zaklantaarn glijdt langzaam over de gedaante heen.

Plotseling veert de gestalte razendsnel op en begint te schreeuwen.

Het duurt nog geen fractie van een seconde, dan snoert De Jong Maarten met zijn hand de mond.

„Ssst," sist De Jong. „Het is veilig, Maarten. We komen je bevrijden. We brengen je terug naar je ouders en je vrienden."

Uit het gefronste voorhoofd van Maarten maakt De Jong op dat deze het nog niet begrijpt. Pas na een poosje dringt het tot Maarten door dat hij niet te maken heeft met de gangsters van Waste Control.

Langzaam haalt De Jong zijn hand weg. „Ssst," fluistert hij nog eens.

Voorzichtig trekken ze Maarten uit bed. Hij heeft alleen zijn onderbroek aan.

„Hindert niet," fluistert De Jong. Hij legt voor alle zekerheid zijn vinger op zijn mond, zodat Maarten begrijpt dat hij niets moet zeggen. „We brengen je aan dek. Langszij ligt een boot van Greenpeace. Kom, snel nu," zegt De Jong heel zacht in

Maartens oor. Hij hoopt dat niemand de korte maar luide schreeuw van Maarten heeft gehoord.

Met Maarten tussen hen in sluipen ze de trap op. En de volgende. Totdat ze weer in de smalle gang staan. De Jong steekt zijn hoofd om de hoek en kijkt of de kust veilig is. Er is niemand te bekennen.

Het lijkt er inderdaad op dat de schreeuw van Maarten, zo diep in het ruim, niet is gehoord. Kennelijk ook niet door de bendeleden die naast de hut van Maarten sliepen, want van die kant horen ze tenminste niets.

„We gaan verder," fluistert De Jong.

Ze lopen snel, de commando voorop, naar het einde van de gang.

Net als hij de stalen deur wil openen, zien ze tot hun grote schrik dat de deurknop wordt omgedraaid. In de gang is er echter geen enkele mogelijkheid zich te verbergen. Tergend langzaam draait de deur open. In de deuropening staat een van de bemanningsleden van de Morgenster.

De commando heeft zijn pistool al in zijn hand.

Terwijl zijn mond openvalt van verbazing, kijkt de gangster recht in de loop van de pistool. Snel draait hij zich om met de bedoeling hard weg te rennen en om hulp te schreeuwen.

Dan volgt er een droge tik op zijn schedel.

Met de kolf van zijn pistool heeft de commando die de wacht hield, de man uitgeschakeld.

Met een wezenloze uitdrukking op zijn gezicht zakt de man in elkaar.

Onmiddellijk binden de commando's de armen en benen van de bewusteloze schurk stevig vast. Vakkundig duwen ze hem een prop in de mond en snoeren die vast met tape.

„Verderop, onder de trap buiten, is een lege cabine," fluistert de commando die buiten de wacht heeft gehouden. „Daar berg ik hem op. Die zal nog wel een tijdje slapen." Vlug sleept hij zijn vracht er naartoe.

„Snel nu," fluistert De Jong. „Het half uur is bijna om. Terug naar de zodiac."

Als ze bij de reling zijn gekomen, waar het touw nog bungelt, neemt de commandoleider Maarten op zijn nek. „Hou je stevig vast," zegt hij zacht.

Daarna klimt hij naar beneden, gevolgd door de anderen.

„Hallo," begroet Harald hen. „Welkom aan boord, Maarten. Straks gaan we het vieren. Maar nu eerst wegwezen hier. We zijn er nog niet."

Met een flinke beweging aan het touw werkt een van de commando's de haak los van de reling. „We laten geen sporen achter," grinnikt hij.

Eerst heel langzaam, maar dan met grote snelheid vaart de rubberboot weg. Pas als ze de Morgenster niet meer zien, geven ze elkaar een hand.

In een ruwe deken gewikkeld beschermt Maarten zich tegen de kou.

„Is dat de nieuwe Greenpeace-kledinglijn?" informeert Harald.

De commando's schieten in de lach. Maarten ook.

Aan boord van de Solo ziet iedereen in spanning te wachten. Ze beseffen dat het lot van Maarten volledig afhangt van het welslagen van deze bevrijdingsmissie. De rol van de Solo is afgelopen, althans tijdelijk.

In de stuurhut staan Gijs en Harrent met de ouders van Maarten te praten. Ook Siebe en de clubleden zijn daar. Elke keer stelt men dezelfde vraag. „Als de actie lukt, wanneer kunnen ze dan terug zijn?"

Volgens Harrent moet dat rond 04.00 uur zijn. Misschien iets eerder, misschien iets later.

Hun ogen proberen de duisternis te doorboren. Maar behalve de stevig vastgesnoerde helikopter op het platform zien ze niets.

„Stel nou dat het mislukt, hè, wat gaan we dan doen?" vraagt Roy aan Siebe.

„Tja," antwoordt Siebe zuchtend. „Als het helemaal uit de klauwen loopt, heeft Harald de opdracht onmiddellijk terug te varen naar de Solo. Op geen enkele wijze mag hij hulp bieden. Hij moet de boodschapper blijven van het goede of het kwade nieuws. Het hangt ervan af wat Harald ons te vertellen heeft. Op basis van zijn verslag moeten we besluiten wat te doen. Maar laten we daar nog maar niet aan denken. Tenminste, voorlopig niet."

Kees loopt voortdurend uit de stuurhut de brug op. Buiten luistert hij gespannen of hij het gebrom van de buitenboordmotor al hoort. Behalve het donkere geluid van de zware motoren van de Solo en het ruisen van de golven hoort hij niets.

Nauwlettend houdt iedereen de grote wandklok in de gaten. De wijzers kruipen tergend langzaam vooruit.

Kees is voor de zoveelste keer buiten als hij plotseling vanuit de duisternis en niet zo ver weg zijn naam hoort roepen.

„Hé, Kees, oude reus, vat geen kou."

„Maarten, Maarten, ben jij dat?" brult Kees.

„En niemand anders. Onkruid vergaat niet," roept Maarten terug.

„Ze komen eraan. Ze zijn terug! Hoera, ze zijn er weer. Met Maarten," schreeuwt Kees tegen de aanwezigen in de stuurhut.

De blijdschap die dit bericht veroorzaakt, is enorm. Siebe omhelst zijn ouders. De clubleden slaan elkaar op de schouders. En iedereen, behalve Harrent, die aan het stuurwiel blijft, rent naar beneden, naar het dek.

Daar formeert zich al snel een waar ontvangstcomité, bestaande uit bemanningsleden en politie.

De touwladder wordt uitgegooid. Als de zodiac langszij ligt, klimmen de commando's met Maarten aan boord.

Maarten wordt omhelsd en gezoend. Felicitaties vliegen in het rond. In de messroom vertelt Maarten, nog steeds in zijn paardedeken gehuld, even later in geuren en kleuren zijn verhaal. Hoe hij gevangen werd genomen. Hoe hij behandeld is en vooral hoe dapper hij al die tijd is geweest.

„Ik bang? Ik? Kom nou. Zo gauw ben ik niet uit het veld geslagen, hoor. Nee, maar die gangsters, hè. Dat zijn heel gevaarlijke lieden. Tegen dat gespuis moest ik het in mijn eentje opnemen. Dat was moeilijk. Ja, eenvoudig was het niet."

Siebe doet net of hij alles wat Maarten zegt, gelooft. Laat hem maar opscheppen, denkt Siebe. Hij doet het nu tenminste over zichzelf. Een hele verbetering.

Het feestje gaat nog een tijdje door. Niemand heeft zin om naar bed te gaan. En toch zijn ze al de hele nacht in de weer geweest.

„Mag ik even jullie aandacht," roept Siebe ten slotte. „Harrent wil straks een vergadering beleggen. Maarten is nu wel vrij, maar de Morgenster ook nog steeds. Ik geloof dat het tijd wordt dat de Solo daar iets aan gaat veranderen."

## HOOFDSTUK 9

*De Solo grijpt in*

„Ik vind het een moeilijk probleem," zucht de inspecteur van politie. „De Morgenster vaart dan wel in internationale wateren en onder Nigeriaanse vlag, maar dat wil nog niet zeggen dat wij niets mogen doen."

In de messroom is de vergadering al een tijdje aan de gang. Er wordt overlegd met het Nederlandse Ministerie van Justitie, dat op zijn beurt weer overlegt met Buitenlandse Zaken èn met de Nigeriaanse ambassadeur in Nederland. Het probleem voor Den Haag is of de Nederlandse politie aan boord van de Solo het recht heeft om de Morgenster in beslag te nemen en de bemanning te arresteren.

Vanaf het kantoor van Greenpeace in Amsterdam heeft men verteld voorlopig te wachten met verdere activiteiten. Eerst moet er intern worden overlegd met Greenpeace International, de andere Greenpeace-kantoren en met de diverse bestuursleden.

Harrent is niet blij met de tijd die door het overleg verloren gaat. „Op de Morgenster heeft men natuurlijk nog niet ontdekt dat Maarten is bevrijd," zegt hij. „Als we nu aanvallen, komt het voor de bendeleden als een complete verrassing."

„Precies," zegt De Jong. „Bovendien zorgt de duisternis ervoor dat de Solo niet onmiddellijk wordt herkend als Greenpeace-schip. Ook dat is in ons voordeel."

„Die vervloekte diplomatie," mompelt een politiefunctionaris. „Het lijkt wel of de bureaucratie steeds erger wordt."

„Oh, maar niet alleen binnen het opsporingsapparaat, hoor," valt Harrent hem bij. „Ook bij Greenpeace kunnen ze er soms wat van."

Siebe zegt niets. De blijdschap over de bevrijding van zijn broer begint hoe langer hoe meer plaats te maken voor verontwaardiging. De mensen op de Morgenster zijn zware criminelen. Ze doen ongeveer alles wat verboden is. Ze deinzen er niet voor terug om desnoods geweld te gebruiken of zelfs te doden. Kortom, voor die schurken gelden geen regels. En voor hen wel? Kom nou. Dat nemen ze toch niet?

Met een rood hoofd van kwaadheid staat hij op en met krachtige stem spreekt hij de aanwezigen toe. „Ahum, beste mensen. Ik hou het kort. Ik wil alleen even zeggen dat er hier aan boord van de Solo één de baas is en dat is kapitein Harrent. We zijn het erover eens dat we onmiddellijk iets moeten ondernemen tegen de Morgenster. Wij kunnen niet wachten op officiële toestemming. Dat gaat te lang duren. Daarom varen wij nu naar de Morgenster toe. Iedereen die met ons mee wil doen, mag zijn hand opsteken."

De handen van de clubleden schieten omhoog. Nieuwsgierig kijken ze om zich heen. Tot hun grote geruststelling zien ze een woud van armen.

De inspecteur van politie en de commandoleider geven Siebe en Harrent de hand. „Jullie kunnen op ons rekenen," zeggen ze. „Als kapitein ligt het bevel bij jou, Harrent."

„Weet je," zegt Harrent. „Eerlijk gezegd had ik ook niet anders van jullie verwacht. Ik ga naar de stuurhut. Als we de motoren flink laten draaien, kunnen we om ongeveer 07.00 uur bij de Morgenster aankomen. Vlak voor het daglicht aanbreekt. Dus, erop af!"

Op topsnelheid snijdt het machtige Greenpeace-schip door het kalme water van de Noordzee.

De clubleden verbazen zich erover dat de Solo zo stabiel in het water ligt. Ze voelen alleen af en toe een lichte deining om hen eraan te herinneren dat ze op zee zijn en niet in een of ander binnenwatertje.

Buiten is het nog donker, maar een lichte gloed in het oosten kondigt reeds een nieuwe dag aan.

Gijs houdt met de radar de Morgenster in beeld. Op het scherm is te zien dat ze snel op het smokkelschip inlopen.

„Nog eventjes," mompelt hij. „Dan kan de zeeslag beginnen."

„Hé, Marco," zegt Harrent. „Ik denk dat het tijd wordt om via de boordradio contact op te nemen met de Morgenster. Dan kan de politie die kerels sommeren zich over te geven. Als ze in de gaten krijgen dat Maarten verdwenen is, zullen ze beseffen dat hun positie hopeloos is. Misschien geven ze zich dan vrijwillig over."

„Ja," zegt de politie-inspecteur. „Als ze verstandig zijn, doen ze dat ook. Maar een kat in het nauw maakt rare sprongen."

Kees kijkt nieuwsgierig toe hoe Marco probeert radiocontact te krijgen met het andere schip. In de stuurhut horen ze het gekraak en geruis van de radio.

„Hallo, hallo, Morgenster. Hier is de Solo. Ontvangt u mij?" roept Marco. „Ontvangt u mij, Morgenster? Wij hebben een boodschap voor u. Hallo."

Het ruisen klinkt afwisselend harder en zachter.

„Ze hebben hun radio wel aan staan," zegt Marco tegen Harrent. „Ik probeer het nog een..."

Plotseling schalt er een stem door de stuurhut van de Solo.

„Hallo, Solo. U spreekt met de Morgenster. Wat willen jullie van ons?"

„Eén moment, alstublieft." Haastig maakt Marco plaats voor de politie-inspecteur.

„Hallo. U spreekt met Van den Broecke. Ik ben inspecteur van politie in Nederland. Ik ben hier aan boord van de Solo omdat het mijn opdracht is u en uw bemanning te arresteren. In naam der..."

„Jullie kunnen het heen en weer krijgen," galmt de stem van de kapitein van de Morgenster. „Als jullie niet opsodemieteren, zullen wij ons met de jongen bezig gaan houden. Hij wordt nu uit zijn hut gehaald."

„Kom op, Maarten," zegt Harrent. „Laat jij die kerel maar eens horen dat hij niet naar jou hoeft te zoeken. Daar zal hij van staan te kijken, wed ik."

Zenuwachtig neemt Maarten het over. Hoewel hij veilig tussen de Greenpeace-mensen en de politie in staat, voelt hij zich niet echt op zijn gemak. De angst van zijn gijzeling zit er nog steeds goed in. Aarzelend begint hij te spreken.

„U... eh... u spreekt met Maarten. Ik... eh... ben niet langer uw gast, want een paar uur geleden hebben mensen van de politie mij bevrijd en..."

Een ontstellend gevloek knettert door de stuurhut van de Solo. Midden in het getier wordt de radioverbinding abrupt verbroken.

„En dat was het dan, dames en heren," zegt Harrent plechtig. „Ik heb een sterk vermoeden dat aan boord van de Morgenster goed de pest is uitgebroken."

„En ik heb ook het vermoeden," vervolgt de politie-inspecteur „dat de gangsters zich niet vrijwillig zullen overgeven. Dat wordt knokken."

In de schemering van de dageraad beginnen de clubleden steeds meer te onderscheiden. Overal om zich heen zien ze het grijsgroene water van de Noordzee.

„Dat moet de Morgenster zijn. Daar recht voor ons," roept Roy opgewonden.

„Ja, verdomd," zegt Kees. „De afstand is hooguit driehonderd meter."

„Ze barsten van de wapens aan boord," zegt Erik met een dunne stem. „Als ze dat wapentuig gaan gebruiken, die handgranaten en zo, wordt het knap gevaarlijk."

„Ik ga naar de messroom," besluit Maarten. „Straks vliegen de kogels je hier om de oren. Ik heb mijn portie wel gehad, dacht ik zo."

„Ik ga met je mee," roept Suzan bang. „In de messroom zitten we veilig en daar kunnen we ook goed zien wat er allemaal gaat gebeuren."

„Verstandig gesproken," zegt Harrent. „Bovendien geldt dat voor iedereen die hier op de brug niets te zoeken heeft. Wegwezen, naar de messroom."

Mokkend gehoorzamen ook Roy en Kees aan het bevel. Zo streng hebben ze de goedmoedige Fries nog niet meegemaakt. Ze begrijpen echter dat het gevaar dat de Greenpeacebemanningsleden en de politiemensen straks lopen, erg groot is. De mensen van Waste Control zijn tot alles in staat.

Op de stuurbrug klinken de orders over en weer. Via de intercom aan boord geeft Harrent aan zijn bemanning door waar zij op het dek moeten gaan staan. De zwaarbewapende politiemensen stellen zich ook op. De Jong wijst vier van zijn commando's aan om met de piloot in de helikopter laag over de Morgenster te vliegen.

„En schieten als het nodig is," draagt hij hen op.

Harald en David zijn inmiddels op het heliplatform bezig de kabels waarmee de helikopter vaststaat, los te maken. De helikopter-crew rent er naartoe. Een paar ogenblikken later stijgen ze op.

Alleen Harrent, Gijs en Siebe blijven met De Jong in de stuurhut. Als er een schietpartij uitbreekt, is dat een gevaarlijke plek met al die grote ramen rondom. Toch is het tevens het hart van het schip. Van daar komen de bevelen en wordt de Solo bestuurd.

De afstand tussen de beide schepen is zo klein geworden dat ze de gangsters duidelijk kunnen onderscheiden. Ze hebben zich vooral op het boven- en middendek van de Morgenster geïnstalleerd. Met machinepistolen en geweren. Ook dat is vanaf de Solo te zien.

„We zullen het gajes eens een poepje laten ruiken," gromt Gijs vastberaden. „En de 16.000 pk van de Solo komen nu goed van pas."

Siebe en de commandoleider staan aan weerskanten op de brug van de stuurhut.

Met een stalen gezicht staat Harrent aan het stuurwiel. „Ik

ga die schuit aan bakboord enteren," zegt hij tegen hen. „Eens kijken of we de Morgenster een duwtje kunnen geven, zodat ze daar van boord rollen."

„Als ze ons zo ver laten komen," merkt De Jong op.

Langzaam draait Harrent het stuurwiel rond. De Solo duikt uit het kielzog van het vrachtschip vandaan en begint aan bakboordzijde te passeren. Ze voelen hoe de zuigende werking van de schroef van de Morgenster de Solo naar het smokkelschip trekt en omgekeerd.

Dan begint de strijd op zee echt.

De politiehelikopter wordt door een salvo van kogels onder vuur genomen. Met een snelle wending vliegt hij omhoog en weg van het schip. Om terug te komen en laag over te vliegen. Op die manier proberen de commando's de schutters uit hun tent te lokken. Gelukkig is het door de snelheid zeer moeilijk voor de gangsters de helikopter te raken.

Dat is niet het geval bij de Solo. Een slagregen van kogels schiet de ruiten van de stuurhut aan diggelen.

Haastig zoeken Gijs, Siebe en De Jong bescherming achter de stalen balustrade.

Alleen Harrent blijft overeind. Al zijn concentratie is gericht op het enteren. Af en toe is aan een schurend geluid te horen dat de schepen elkaar schampen. Dit is de hogeschool van stuurmanskunst.

„Het is veel te link om aan boord te klauteren," schreeuwt Harrent naar de anderen. „We moeten iets bedenken om dat tuig van het dek af te krijgen. Anders lukt het nooit."

„Blijf wel zo dicht mogelijk langs de Morgenster varen,"

antwoordt De Jong. „Dan hebben ze bijna geen schootsveld."

„De waterkanonnen, natuurlijk, de waterkanonnen," roept Siebe enthousiast uit. „Daarmee kunnen we ze van het dek af vegen."

„Pas op, hè," zegt Harrent. „Op het stuurdek heb je helemaal geen beschutting."

„Het is onze enige kans," roept Gijs luid. „Spuiten en enteren tegelijk. Dat is het."

Half kruipend verlaten Siebe en Gijs de bescherming van de stuurhut. Een stalen trap leidt langs de brug omhoog naar het dak van de stuurcabine. Daar staan de drie vuurrode waterkanonnen gereed voor gebruik. Razendsnel klimmen Siebe en Gijs omhoog en laten zich plat op het dek vallen. Hun hoge positie maakt hen minder kwetsbaar en geeft hen een goed overzicht. Moeizaam peuteren ze de veiligheidspennen los.

In de messroom zitten de clubleden en de ouders van Maarten dicht bij elkaar. Voortdurend strijden hun voorzichtigheid en nieuwsgierigheid met elkaar. Door de patrijspoortjes aan bakboord vangen ze af en toe een glimp op van het strijdtoneel.

„Het lukt nooit," zegt Wim zorgelijk. „Zolang de gangsters de Solo beschieten, kan de politie niet aan boord van de Morgenster komen."

„Ja, en hun voorraad munitie raakt ook niet op. Met al die vaten in het ruim," antwoordt Kees.

„Maar wat dan?" vraagt Roy zich af. „Hoe moet dit in vredesnaam aflopen?"

„Hé, kijk daar eens!" schreeuwt Erik opeens. „De waterkanonnen worden ingezet. Ongelooflijk, wat een waterstraal, zeg!"

Siebe en Gijs staan ieder achter een kanon. Met een enorme kracht spuit het water over het dek van de Morgenster.

De gangsters zijn volkomen overrompeld. In de waterstraal vallen enkele schutters als kegeltjes omver of ze worden met kracht tegen de reling en de wand gedrukt. Om niet de zee in gespoten te worden, grijpen ze zich vast aan alles wat zich daarvoor leent. Hier is geen kruit tegen gewassen. Zelfs geen geweren.

Met grote precisie schakelen Gijs en Siebe de bemanningsleden van de Morgenster een voor een uit.

Nu is het de beurt aan de politiemensen om aan boord van het gangsterschip te klimmen. Handig maken ze gebruik van de vrije baan die de waterkanonnen hen verschaft. De druipnatte en aangeslagen schutters worden ontwapend en in de handboeien geslagen. Ook in het schip is de weerstand gebroken. Het spel is uit, dat is duidelijk. Met hangend hoofd geeft de kapitein zich als laatste over. De zeeslag is zonder bloedvergieten gewonnen.

Na kort beraad wordt besloten de Morgenster terug te slepen naar IJmuiden. De reusachtige katrollen met de zware sleepkabels komen nu goed van pas.

Het commandoteam blijft aan boord van het vrachtschip om de gangsters te bewaken. De politiehelikopter zal alvast vooruit vliegen, want er moet veel geregeld worden in IJmuiden.

Aan het einde van de ochtend zijn de werkzaamheden vanwege het overbrengen van de kabels naar de Morgenster gereed en zet de Solo met zijn sleep koers naar Nederland. Harrent wil in de loop van de volgende ochtend in IJmuiden aankomen.

De stemming aan boord is uitstekend. Gijs en Siebe worden gefeliciteerd met hun actie.

„Jullie zijn mijn helden," zegt Suzan tegen hen. „Mag ik jullie handtekening hebben?"

„Die van mij kun je ook wel krijgen, hoor," zegt Maarten.

„Nou, Maarten, " merkt Roy op. „Je bent weer helemaal de oude, hè? Ik bedoel, die bescheidenheid van jou is echt te gaaf, joh."

„En reken er maar op dat hij die nodig zal hebben," grijnst Siebe. „Als we weer in Nederland zijn, zal mijn broertje heel wat vragen van journalisten voor zijn kiezen krijgen. Ik ben benieuwd naar zijn verhaal."

„Ach, hoepel op," antwoordt Maarten snibbig. „Jullie zijn gewoon jaloers. Dat ik gekidnapt ben en jullie niet."

„Je laat je niet nog een keer gijzelen, hoor, Maarten," zegt zijn moeder lacherig.

„Nee, de volgende keer is het hun beurt," antwoordt hij. „Dan wil ik nog weleens zien of ze net zo moedig zijn als ik. Pestkoppen!"

Nu de spanning na het welslagen van het zeegevecht helemaal is verdwenen, voelen de clubleden pas goed hoe moe ze zijn. En niet alleen zij. Iedereen beseft zo langzamerhand dat ze de hele nacht geen oog dicht hebben gedaan. De enige die nog een beetje heeft geslapen, is notabene Maarten.

In ploegendiensten zal de Greenpeace-bemanning verder varen. Harrent, Gijs, Siebe en Mieke hebben pech. Zij moeten nog even volhouden. Pas over vier uur worden zij afgelost.

En terwijl voor het eerst tijdens de herfstvakantie de zon schijnt in een strakblauwe hemel, vallen de leden van de Greenpeace-club in een diepe slaap.

# Besluit

Geduldig legt Maarten uit hoe de kidnapping heeft plaatsgevonden. Gezeten aan een grote tafel in de tentoonstellingsruimte van de Solo vertelt hij in geuren en kleuren aan de journalisten hoe hij zijn kidnapping heeft overleefd. Soms valt Siebe hem in de rede, wanneer zijn broer weer eens de neiging heeft de rol van heldhaftig slachtoffer te veel te benadrukken.

Ook Harrent en de politie-inspecteur zitten erbij. Op de vragen die hun worden gesteld, geven ze zo goed en duidelijk mogelijk antwoord.

Voor de politieman is het niet eenvoudig om de journalisten tevreden te stellen. Elke keer weer moet hij zeggen dat het onderzoek nog moet beginnen. En dat de verdachten, die in IJmuiden onmiddellijk bij aankomst zijn afgevoerd naar het hoofdbureau van politie in Haarlem, nog moeten worden ondervraagd. „Maar u kunt ervan verzekerd zijn dat wij met onze collega's in het buitenland de afvalmafia een gevoelige slag kunnen toebrengen. Dankzij de oplettendheid van deze jongelui hier zijn wij achter zaken gekomen die voor de politie en zelfs voor Greenpeace niet duidelijk waren, laat staan bewezen konden worden."

De journalisten zijn echter nog niet tevreden. „Weet u of de autoriteiten de actie van de Solo hebben goedgekeurd en of de Nigeriaanse regering ook akkoord is gegaan met de inbeslagneming van de Morgenster?" wil een van hen weten.

„Op beide vragen kan ik bevestigend antwoorden," zegt de politieman.

Hierop geeft John Adelaar, die in IJmuiden aan boord is gekomen, een overzicht over de internationale handel in afval en de acties van Greenpeace daartegen. „Nu was de bestemming Somalië. In ruil voor wapens mochten de handelaren daar grote hoeveelheden giftig materiaal dumpen. Maar er zijn zoveel landen in Afrika die hiervoor worden misbruikt. Het gebeurt ook in Zuid-Amerika en dichter bij huis, in de Oosteuropese landen. Zolang de rijke, geïndustrialiseerde landen de uitvoer van afval en het ontstaan daarvan niet aan banden wensen te leggen, zullen, naar wij vrezen, steeds meer criminelen zich aangetrokken voelen tot deze handel."

„Wat gaat de Solo doen na dit avontuur?" vraagt een verslaggever van het NOS-journaal.

„Eerst zullen we het schip moeten laten repareren," antwoordt Harrent. „Niet alleen de stuurhut is zwaar beschadigd, er zijn ook nogal wat kogelgaten in de romp gekomen. Over de acties daarna kan en mag ik u helaas op dit moment nog niets vertellen."

Eindelijk zijn de journalisten uitgevraagd.

Als de Solo op het IJ achter het Centraal Station van Amsterdam vaart, interviewen ze de clubleden nog even.

Pas bij aankomst op de kade in het oostelijk havengebied keert de rust aan boord terug.

„Eén ding nog, John," vraagt Suzan aan de campagne-coördinator. „Die Feliciano, hè, die is dus niet de baas van de bende. Je vertelde laatst dat hij slechts een eh..."

„Tussenhandelaar is," vult John aan. „Dat klopt. We zijn erachter gekomen dat hij een Italiaan is. Tijdens jullie tocht terug naar IJmuiden hebben de politiemensen aan boord van de Morgenster Sjaak en zijn kornuiten stevig aan de tand gevoeld. Zodoende konden ze via de boordradio de politie hier de benodigde informatie en een signalement van de man geven. Dat is erg belangrijk geweest. Van de Italiaanse politie hebben wij vernomen dat hij inmiddels is gearresteerd.

Feliciano heeft al toegegeven, dat hij in opdracht van het Italiaanse bedrijf Nascosto werkt. Ondanks eerdere ontkenningen van de directie blijkt dus dat het bedrijf wel degelijk bij deze smerige zaak betrokken is. En via Nascosto kunnen alle andere medeplichtige bedrijven in Europa, zoals bijvoorbeeld het Zwitserse Air en Brothers, hopelijk ook aangepakt worden. Ik heb van de politie gehoord dat een aantal corrupte politici en ambtenaren ook een rol in deze affaire speelt."

„Wat een schande," roept Suzan boos. „Aan de ene kant proberen die politici regels op te stellen tegen het transport van afval en aan de andere kant ontduiken ze die weer."

„Ja, ja," antwoordt John. „Maar pas op, hè. Niet alle politici zijn corrupt, hooguit een paar. En als die rotte appels uit de mand kunnen worden gehaald, zijn we weer een stapje verder gekomen in de bescherming van het milieu."

„Er is nog iets wat ik niet begrijp," zegt Roy aarzelend. „Waarom hebben ze die vaten eigenlijk in de bunker en later in de loods op de camping verstopt? Uiteindelijk heeft dat ze de das omgedaan."

„Tja," antwoordt John, „Sjaak is goed doorgeslagen bij de politie. Hij vertelde, dat ze de vaten met wapens vanuit hun loods in IJmuiden tussen de vaten chemisch afval uit Rotterdam hadden willen zetten. Daar hadden ze immers vervalste papieren voor. Het is dan vrij moeilijk om bij een inspectie te zien dat de inhoud van alle geladen vaten niet hetzelfde is. En dat is nou net de bedoeling. Maar toen ze in de gaten kregen dat de politie een inval zou doen in hun loods, raakten ze in paniek. Daarom hebben ze die vaten in de bunker verstopt."

Even zwijgt John. Met glimmende oogjes kijkt hij naar de ademloos toeluisterende clubleden.

„En toen?" dringt Kees aan.

„En toen kwamen jullie. De bunker was niet langer veilig, maar de vaten terugbrengen naar hun loods in IJmuiden durfden ze ook niet. Als noodoplossing brachten ze de wapens naar loods 45 op de camping om ze vandaar uit vanaf het strand op te pikken en aan boord te brengen. Als jullie er niet waren geweest, waren ze daar ook in geslaagd, denk ik. Dat is ons geluk geweest."

„Nou, daar denkt mijn vader héél anders over!"

„Hé, te gek, zeg. Maya!" roepen de clubleden uit. Geestdriftig begroeten ze hun vriendin.

„Ik ben er maar even tussenuit geknepen," legt Maya uit. „Woest was mijn vader. Dat wij zo stom waren geweest op eigen houtje de boel te gaan verkennen. Nou ja, hij was natuurlijk ook geschrokken, hè. Zomaar een misdadigersbende op de camping. Dat had hij nog nooit meegemaakt. Stropers vindt hij al meer dan genoeg, zegt-ie."

De clubleden vertellen Maya welke avonturen ze op zee hebben beleefd. Vooral Maarten staat in het middelpunt van de belangstelling. Voor de zoveelste keer vertelt hij hoe moedig en koelbloedig hij is geweest, totdat hij ermee ophoudt omdat hij er zelf van begint te balen.

„Wat hebben jullie eigenlijk met de actietent gedaan?" vraagt hij daarom ineens. „Die zijn we helemaal vergeten."

„Maar wij niet," antwoordt John. „Die is al afgebroken en opgehaald. De tent ligt in onze eigen loods. En voorlopig blijft hij daar."

„Dus het is afgelopen," zegt Suzan teleurgesteld.

Er valt een stilte in de groep.

„Nou, ik weet niet wat jullie ervan vinden, maar ik blijf voorlopig thuis," merkt Maarten op. „Ik heb schoon genoeg van die vakanties van Kees en Roy!"

# DE SOLO

'Solo' is de nieuwe naam van de zeesleper Smit Houston, die in 1977 in Heusden op de werf van Verolme is gebouwd. Sindsdien heeft het schip de wereldzeeën bevaren als sleep- en bergings-schip. Het schip is 67,5 meter lang, 14,2 meter breed en heeft een diepgang van 5,8 meter. Met haar totale vermogen van 16.000 pk is het schip een van de sterkste slepers ter wereld.

De Solo is uitgerust als bergings-sleepboot. Er is een uitgebreid arsenaal van materialen aan boord, waarmee de bemanning bij een scheepsramp zeer snel kan ingrijpen. Zo heeft het schip een extra pomp, die 400 ton water per uur kan verpompen, waarmee een lekgeslagen schip drijvend gehouden kan worden. Daarnaast zijn er enige mobiele pompen die overal waar nodig inzetbaar zijn. Ook is er een groot aantal brandblusmiddelen aan boord, waaronder drie zware bluskanonnen op de brug; en er is een speciale tank blusschuim.

Verder is er in het schip een grote tentoonstellingsruimte, waar films en video's vertoond kunnen worden. Boven op deze ruimte bevindt zich een helikopterplatform. Achter de tentoonstellingsruimte staat een laboratorium en een opvangcentrum voor zeedieren.

Om direct te kunnen reageren op noodsituaties is er apparatuur voor duikers aan boord, inclusief een decompressietank.

Kortom, de Solo is een complete eerstehulppost op de Noordzee!

*De bluskanonnen van de Solo in werking.*
© foto Greenpeace/Papavoine

## WAAR KAN DE SOLO VOOR WORDEN INGEZET?

Neem nu eens het dierenhospitaal. Helaas gebeurt het maar al te vaak dat zeedieren het slachtoffer worden van vervuiling. Midden op zee en dichter bij de kust.

In het hospitaal krijgen de opgevangen zieke dieren een behandeling. Soms met succes, soms ook niet. En bij grote rampen of ernstige vervuiling is het leed al helemaal niet meer te overzien. De Vogelbescherming en de zeehonden-crèche in Pieterburen weten daar alles van. Met man en macht proberen ze dan te redden wat er te redden valt. Meestal is het een druppel op een gloeiende plaat. Maar toch, zij doen wat!

De mensen die verantwoordelijk zijn voor de vervuiling echter ook. Wat de scheepvaart betreft, en de Noordzee is een van de drukst bevaren zeeën ter wereld, wordt de olieverontreiniging door moedwillige lozingen geschat op 1.000 à 2.000 ton per jaar.

Daar komt als gevolg van ongelukken nog een aanzienlijke hoeveelheid olie bij.

Met het laboratorium aan boord kan de Solo, door het nemen van monsters, nagaan wat er nu weer voor troep in het water zit. Of het afkomstig is van schepen die hun tanks schoonspoelen, of van de offshore-industrie. Je weet wel, al die platforms die olie of gas uit de zeebodem oppompen. Vooral de platforms die boringen verrichten, vervuilen enorm. Volgens het Ministerie van Economische Zaken loost de offshore-industrie slechts 4.700 ton olie per jaar. Volgens het Ministerie van Verkeer en Waterstaat daarentegen is dat wel 50.000 ton per jaar. Dat is een groot verschil. En dan te

*In april 1992 protesteerde de Solo tegen de handel in chemisch afval uit Europa, dat naar derde-wereldlanden wordt verscheept. Als gevolg van deze actie werd het schip de Cito, dat met chemisch afval op weg was naar Egypte, hier geweigerd en keerde het onverrichterzake terug naar Europa.*
*© foto Greenpeace*

bedenken dat deze gegevens zijn gebaseerd op inspectievluchten en dat het Ministerie slechts beschikt over één inspectievliegtuig. Hoeveel olie deze industrie werkelijk loost, blijft voorlopig dus onbekend.

Daarmee zijn we beland bij een andere belangrijke functie van het Greenpeace-schip. De Solo is een waakhond op de Noordzee.

250 dagen per jaar doorkruist het schip de Noordzee in alle richtingen. Aan boord wisselen twee ploegen elkaar af. Door zoveel dagen op zee te zijn, probeert Greenpeace in kaart te brengen wat er zoal op zee gebeurt. Dat is een hele klus, want het is erg druk op de Noordzee. Per dag passeren 700 zeeschepen onze kust. De vele honderdduizenden scheepsbewegingen per jaar, de visserij, de marineoefeningen, de pleziervaart en de bevoorrading van de boorplatforms maken de Noordzee tot een snelweg met files. En als gevolg van het gekrioel gebeuren er nogal wat ongelukken, jaarlijks circa 200. Heel onrustbarend is ook het aantal bijna-ongevallen, waarbij schepen boorplatforms dreigen te rammen. Volgens officiële schattingen komt zo'n situatie alleen al op het Nederlandse gedeelte van het Continentaal Plat gemiddeld twee keer per jaar voor!

Het is duidelijk dat er nog heel wat mis is op de Noordzee. Door gebrek aan controle, want de Noordzeelanden zijn tot op heden niet in staat gebleken een deugdelijk controlesysteem op poten te zetten, staat de veiligheid van de scheepvaart en de offshore-industrie bepaald niet vast. Illegale lozingen blijven maar al te vaak ongestraft, of worden niet

*De Solo was in oktober 1992 in de internationale wateren bij Nova Zembla om daar een onderzoek te doen naar dumping van nucleair afval. De Russische kustwacht arresteerde de bemanning en nam de Solo op sleeptouw naar een militaire basis.*
*© foto Greenpeace/Lueders*

waargenomen. Zo spoorde de Solo bij een van haar eerste acties met haar helikopter binnen een maand maar liefst tien illegale lozingen op. De kapitein maakte hiervan proces-verbaal op en gaf die door aan de Nederlandse autoriteiten. Slechts eenmaal kwam het tot een strafvervolging. Resultaat: f 1.000,- boete.

En als er een echte ramp gebeurt, is er ook nog een treurig gebrek aan organisatie, middelen en mankracht om daadwerkelijk in te grijpen. Bergingsbedrijven die over de kennis en het materiaal beschikken, moeten noodgedwongen afbouwen, aangezien overheid en industrie geen financiële middelen beschikbaar stellen. Het wachten is daarom op de grote klap. Dus heeft Greenpeace in 1990 de Solo gekocht. Zij moet aantonen wat er niet deugt op de Noordzee. En vooral wat er moet worden gedaan om de Noordzee veilig en weer schoon te krijgen.

De naam Solo geeft aan dat het schip er in haar strijd voor een schone Noordzee alleen voor staat. Maar als de regeringen van de Noordzeelanden ervoor zorgen dat er een goede wetgeving komt ter bescherming van de Noordzee en met een scherp controlesysteem de handhaving hiervan waarborgen, dan heeft de Solo haar taak volbracht. Ondertussen vaart zij rond op de Noordzee en af en toe ook op andere zeeën, want niet alleen de Noordzee is er slecht aan toe.

*In januari 1993 schoot de Solo te hulp bij de olieramp bij de Shetland-eilanden. De olietanker Braer was daar tijdens een zware storm op de kust gelopen. Veel vissen, vogels en zeehonden werden het slachtoffer. © foto Greenpeace/Hodson*

## Over de schrijver

Mijn naam is Rob Zadel. Het is niet mijn echte naam; het is een pseudoniem. Hoe ik werkelijk heet, dat weten alleen de mensen van Greenpeace en van uitgeverij Kluitman.

Ik heb ruim 14 jaar voor Greenpeace gewerkt. In die tijd is Greenpeace uitgegroeid tot een grote organisatie met kantoren in vele landen. Ook in Zuid-Amerika, Azië en Oost-Europa. Met haar schepen komt Greenpeace namelijk overal waar het milieu bedreigd wordt.

Ik heb het werk bij Greenpeace altijd heel boeiend gevonden en heel avontuurlijk.

Toen op een dag meneer Kluitman het kantoor van Greenpeace Nederland binnenstapte, stelde hij voor om de dingen die wij als Greenpeace meemaakten in een boek te verwerken.

'De Sirius ontsnapt!' en 'De Rainbow Warrior valt aan' en 'De Solo grijpt in' zijn daarvan het resultaat.

De verhalen in de boeken zijn dus op ware gebeurtenissen gebaseerd. Natuurlijk komt er hier en daar ook wat fantasie aan te pas, maar bij sommige avonturen ben ik zelf betrokken geweest. Er zullen meer boeken van Rob Zadel verschijnen, want in de wereld gebeuren voortdurend dingen die ik belangrijk genoeg vind om er een goed en interessant boek over te schrijven.

Met vriendelijke groet,
Rob Zadel

## INHOUD

|  |  | blz. |
|---|---|---|
| HOOFDSTUK 1 | *We drijven de tent uit* | 5 |
| HOOFDSTUK 2 | *Doodskoppen* | 15 |
| HOOFDSTUK 3 | *Waste Control B.V.* | 35 |
| HOOFDSTUK 4 | *De Morgenster* | 52 |
| HOOFDSTUK 5 | *Loods 45* | 69 |
| HOOFDSTUK 6 | *In het crisiscentrum* | 82 |
| HOOFDSTUK 7 | *Daar heb je het rotkreng!* | 98 |
| HOOFDSTUK 8 | *Op de Morgenster* | 115 |
| HOOFDSTUK 9 | *De Solo grijpt in* | 128 |
| Besluit | | 140 |
| De Solo | | 146 |
| Waar kan de Solo voor worden ingezet? | | 148 |
| Over de schrijver | | 155 |
| | | 157 |